... **Títulos relacionados**

SSCE0110 HABILITACIÓN PARA LA DOCENCIA EN GRADOS A, B Y C DEL SISTEMA DE FORMACIÓN PROFESIONAL

(ANTIGUO DOCENCIA DE LA FORMACIÓN
PROFESIONAL PARA EL EMPLEO)

[DISPONIBLE CERTIFICADO COMPLETO]

Solicítalos en
- Librería
- www.paraninfo.es
- Solicitudes nacionales +34 914 463 350
- Solicitudes fuera de España +34 913 308 907
  +34 913 308 919

Tutorización de acciones formativas para el empleo

Cristina de Alba Galván

© 2024 Ediciones Paraninfo, S. A.
© 2024 Cristina de Alba Galván

Edición y maquetación: Ediciones Nobel, S. A.

Impresión: Liberdigital (Casarrubuelos, Madrid).
ISBN: 978-84-283-6766-0
Depósito legal: M-24664-2024

Impreso en España

Cristina de Alba Galván es licenciada en Psicología por la Universidad de Sevilla, con formación de posgrado en Dirección y Gestión de Recursos Humanos.

Su trayectoria profesional se ha centrado en la gestión de personas, realizando tareas de análisis de perfiles profesionales, selección, formación y desarrollo del talento humano. Ha colaborado con equipos multidisciplinares, participando en labores de intermediación laboral. Ha coordinado estudios y proyectos de investigación y evaluación, tanto en el sector público como privado.

Es colaboradora con medios digitales, publicando artículos sobre desarrollo personal y profesional, así como sobre temas relacionados con empleo y formación.

Índice

Introducción normativa

La Ley Orgánica 3/2022, de 31 de marzo, de ordenación e integración de la Formación Profesional, contiene una disposición derogatoria única que afecta a la regulación de los certificados de profesionalidad, ahora denominados **Certificados Profesionales.** La referida normativa deroga la Ley Orgánica 5/2002, de 19 de junio, de las Cualificaciones y de la Formación Profesional, y abre un escenario de cambios que se irán implementando progresivamente.

La Ley Orgánica 3/2022, de 31 de marzo, de ordenación e integración de la Formación Profesional implica que toda la formación es acumulable. La oferta formativa se estructura de forma escalonada, siendo los Certificados Profesionales un nivel intermedio (Grado C) de una escala que va desde el Grado A hasta el E.

En los artículos 35 a 38 de la Ley 3/2022 se describe en qué consisten estos Certificados Profesionales: su oferta, formación asociada, estructura, duración, acceso, titulación y validez. Posteriormente, esta normativa se completa con lo dispuesto en el Real Decreto 659/2023, de 18 de julio, que desarrolla la ordenación del sistema de Formación Profesional. Concretamente en los artículos 67 a 81 es donde se hace referencia a la oferta formativa de Grado C, correspondiente a los Certificados Profesionales.

Están agrupados en 26 familias profesionales con características comunes del sector. En la actualidad hay más de medio millar de Certificados Profesionales incluidos en el Repertorio Nacional. Esta cifra no deja de crecer. Además, cada certificado está específicamente regulado por un real decreto.

Un Certificado Profesional corresponde al Grado C de la oferta del Sistema de Formación Profesional. Es un documento oficial, con validez en todo el territorio nacional y debe constar en el Catálogo Nacional de Ofertas de Formación Profesional, que certifica la capacitación para el desarrollo de una actividad profesional.

Debe detallar los módulos profesionales superados y los estándares de competencia profesional asociados a él e incluidos en el **Catálogo Nacional de Estándares de Competencias Profesionales**, así como su correspondencia con el Marco Español de Cualificaciones.

Despliegan su validez en un doble ámbito, laboral y académico:

- En el contexto laboral tienen validez profesional, porque acreditan las competencias en una determinada profesión. Para poder trabajar en algunas profesiones, se exigen determinadas cualificaciones, y los certificados sirven para acreditarlas.

- Asimismo, tienen validez académica, puesto que permiten continuar un itinerario formativo siempre que se cumplan los requisitos de acceso para cursar la titulación deseada. De tal modo que, los Certificados Profesionales que sean parte de un Grado D permitirán la matrícula modular para completar los módulos establecidos en el currículo y obtener el correspondiente título de técnico básico, técnico o técnico superior con validez en todo el territorio nacional.

Para obtener un Certificado Profesional (Grado C) es preciso cumplir con los requisitos de acceso para realizar la formación.

Estructura de los Certificados Profesionales

I. Identificación: denominación, familia y área profesional a la que pertenecen; nivel de cualificación profesional (1, 2 o 3); cualificación profesional de referencia; entorno profesional y módulos formativos que esté previsto cursar junto con la duración de cada uno de ellos.

II. Perfil profesional: incluye las competencias profesionales requeridas en el mercado laboral. En todas ellas se concretan las realizaciones profesionales y los criterios de realización.

III. Formación: describe los módulos formativos que esté previsto cursar para adquirir las competencias requeridas. En cada uno de ellos se indican las capacidades que se pretende alcanzar y la duración del módulo de prácticas no laborales —PNL—, para el que cabe solicitar exención si se cumplen determinados requisitos.

IV. Prescripciones de las personas formadoras.

V. Requisitos mínimos de espacios, instalaciones y equipamiento.

Los Certificados Profesionales se identifican con una denominación concreta y un código alfanumérico propio, y sirven para acreditar una determinada cualificación profesional. Cada certificado está asociado a una relación de unidades de competencia que, a su vez, se vinculan con una serie de módulos formativos específicos. Algunos módulos están integrados por unidades formativas y tanto unos como otras son, en ocasiones, transversales, lo que significa que se trata de contenidos incluidos en más de un Certificado Profesional.

Los Certificados Profesionales se articulan en tres niveles de competencia profesional (1, 2 y 3) conforme a lo dispuesto en el que será el Catálogo Nacional de Estándares de Competencias Profesionales, anteriormente Catálogo Nacional de Cualificaciones Profesionales (CNCP), según los criterios establecidos de conocimientos, iniciativa, autonomía y complejidad de las tareas, en cada una de las ofertas de Formación Profesional.

La oferta formativa dirigida a la obtención de los Certificados Profesionales tiene carácter modular para favorecer la acreditación parcial acumulable de la formación recibida y posibilitar así el avance en el itinerario de Formación Profesional para cualquiera que sea la situación laboral de cada persona en cada momento.

En definitiva, el Grado C constituye la oferta, parcial y acumulable, del sistema de Formación Profesional, de varios módulos profesionales del catálogo modular de Formación Profesional por razón de su significado en el mercado laboral y conducente a la obtención de un Certificado Profesional.

Las ofertas de Grado C de Formación Profesional tendrán por objeto módulos profesionales incluidos previamente en el catálogo modular de formación profesional y asociados al Catálogo Nacional de Estándares de Competencias Profesionales.

Finalidad de los Certificados Profesionales

- Contribuir a la ordenación de un Sistema de Formación Profesional al servicio de un régimen de formación y acompañamiento profesionales que sea capaz de responder con flexibilidad a los intereses, expectativas y aspiraciones de cualificación profesional de las personas a lo largo de su vida.

- Combinar escuela y empresa situando a la persona en el centro del sistema.

- Facilitar el aprendizaje permanente de toda la ciudadanía mediante una formación abierta, flexible y accesible, estructurada de forma modular, a través de la oferta formativa asociada al certificado.

- Acreditar las cualificaciones profesionales o las unidades de competencia recogidas en estas, independientemente de su vía de adquisición, bien sea través de la vía formativa, o mediante la experiencia laboral o vías no formales de formación.

- Favorecer, tanto a nivel nacional como europeo, la transparencia del mercado de trabajo.

- Contribuir a la calidad de la oferta de Formación Profesional.

Este libro

El presente libro desarrolla la Unidad Formativa denominada *Tutorización de acciones formativas para el empleo*, UF1646.

Dicha unidad formativa está asociada a la Unidad de Competencia UC1444_3, forma parte del Módulo Formativo MF1444_3 *Impartición y tutorización de acciones formativas para el empleo* perteneciente a la Cualificación Profesional de referencia SSC448_3, de nivel 3, incluida en el Certificado Profesional denominado SSCE0110 *Habilitación para la docencia en grados A, B y C del sistema de Formación Profesional - antiguo Docencia de la Formación Profesional para el Empleo)*, dentro de la familia profesional Servicios Socioculturales y a la Comunidad.

Según el Real Decreto RD 1697/2011, de 18 de noviembre, modificado por el RD 625/2013, de 2 de agosto, los contenidos que en esta obra se recogen se corresponden con una duración de 30 horas.

Tanto la estructura como el desarrollo del libro se ajustan al citado real decreto y más concretamente a los contenidos de la Unidad Formativa que le da título *Tutorización de acciones formativas para el empleo*.

Contenido

1. **Características de las acciones tutoriales en formación profesional para el empleo**
   - Modalidades de formación: presencial, a distancia y mixta.
   - Plan tutorial: estrategias y estilos de tutoría y orientación.
   - Estrategias de aprendizaje autónomo. Estilos de aprendizaje.
   - La comunicación *online*.
   - La figura del tutor presencial y tutor en línea:
     - Estrategias y estilos de tutoría.
     - Roles: activo, proactivo y reactivo.
     - Funciones del tutor.
     - Habilidades tutoriales.
     - Organización y planificación de las acciones tutoriales.
     - Coordinación de grupos. Búsqueda de soluciones.
     - Supervisión y seguimiento del aprendizaje tutorial.

2. **Desarrollo de la acción tutorial**
   - Características del alumnado.
   - Temporalización de la acción tutorial.
   - Realización de cronogramas.
   - Diseño de un plan de actuación individualizado.

3. **Desarrollo de la acción tutorial en línea**
   - Características del alumnado.
   - Elaboración de la guía del curso.
   - Tareas y actividades, su evaluación y registro de calificaciones.
   - Responsabilidades administrativas del tutor.
   - Elaboración de videotutoriales con herramientas de diseño sencillas.
   - Criterios de coordinación con tutores y jefatura de estudios.

Objetivos

- Proporcionar al alumnado habilidades y estrategias personalizadas de mejora que favorezcan su aprendizaje, en formación presencial y en línea, supervisando su desarrollo.

- Describir la figura y funciones del formador-tutor según la modalidad formativa.

- Identificar cauces de información y comunicación con el alumnado para el desarrollo de la acción tutorial.

- Desarrollar acciones tutoriales, consensuando la frecuencia e intercambio de valoraciones sobre el desarrollo del aprendizaje del alumnado.

- Elaborar el plan tutorial de la formación en línea para distintos tipos de acciones formativas.

Nota del editor

En Ediciones Paraninfo estamos comprometidos con la calidad de la formación e intentamos que nuestros materiales, respondan fielmente y con rigor a las necesidades de todos cuantos confían en nuestro sello editorial.

Tratamos de dar respuesta a los currículos de las unidades formativas y de los módulos que integran los distintos Certificados Profesionales, equilibrando la parte teórica con la práctica para que los procesos de aprendizaje se conviertan en experiencias gratificantes tanto para docentes como para las personas inmersas en los procesos formativos.

Contribuir de forma decisiva a afianzar aprendizajes, ayudar a adquirir destrezas que tengan significado para el empleo y conseguir potenciar el desarrollo personal es nuestra mayor satisfacción como editores.

Para lograrlo contamos con excelentes autores, expertos en las materias que abordan, en la mayoría de los casos docentes de dichas especialidades con dilatada experiencia profesional y académica, porque buscamos perfiles familiarizados con los contextos laborales concretos a los que se refieren nuestros manuales.

Confiamos en poder serte de ayuda y esperamos tus impresiones acerca de nuestro trabajo. Sean positivas o negativas, serán muy bien recibidas y, sin duda, nos ayudarán a seguir mejorando y trabajando con ilusión para continuar siendo un referente en formación para el empleo.

Agradecemos tu confianza en nuestros manuales. Todo nuestro equipo queda a tu total disposición. Puedes contactar con nosotros en esta dirección de correo electrónico: info@paraninfo.es.

1. Características de las acciones tutoriales en formación profesional para el empleo

Contenido

En las acciones formativas, ya sean en modalidad presencial o en línea, el tutor debe asumir un papel que va más allá de la impartición y la transmisión de conocimientos. El tutor debe realizar otras funciones fundamentales en los procesos de enseñanza-aprendizaje, como el seguimiento formativo o la facilitación del aprendizaje.

La acción tutorial se entiende como la labor pedagógica destinada a orientar, guiar y acompañar al alumnado con la finalidad de facilitar el proceso de enseñanza-aprendizaje en las condiciones más favorables posibles.

Las acciones tutoriales son un elemento clave para la personalización de los procesos de enseñanza-aprendizaje, ya que responden a las diferencias individuales del alumnado, sus intereses y necesidades específicas.

Las acciones tutoriales cumplen diferentes funciones:

- Permiten conocer los intereses particulares de cada alumno y sus características, posibilitando una orientación individualizada y personalizada.

- Ofrecen orientación y asesoramiento al alumnado, guiándole sobre los métodos más adecuados para alcanzar los objetivos formativos (adquisición de técnicas de estudio, adaptación de metodología de trabajo, orientación sobre el uso eficaz de los recursos y materiales didácticos, etcétera).

- Resuelven dudas y atienden consultas relacionadas con los contenidos formativos.

> La tutorización en las acciones formativas, ya sean en modalidad presencial o teleformación, es fundamental para orientar al alumnado de manera personalizada, atendiendo a sus necesidades, intereses y capacidades específicas.

1.1. Modalidades de formación: presencial, a distancia y mixta

Las acciones tutoriales, así como la relación y comunicación entre el tutor y el alumnado, varía en función de la modalidad formativa (presencial, a distancia/*online* o mixta).

Modalidad presencial

La característica distintiva de esta modalidad formativa es la existencia de contacto directo entre formador y alumnado. Por ello, se entiende que es la modalidad más interactiva, favoreciéndose así la implicación y participación activa del alumnado.

Las acciones formativas presenciales permiten una resolución de dudas y/o consultas más rápida y efectiva (*feedback* inmediato), aumentando la rapidez en la asimilación de los conocimientos.

Modalidad a distancia/*online*

La modalidad a distancia/*online* es aquella en la que no existe un contacto directo entre formador y alumnado. En esta modalidad es fundamental tener en cuenta las estrategias de aprendizaje autónomo, ya que los alumnos se enfrentan al material formativo sin la supervisión directa del tutor.

Las acciones tutoriales desarrolladas en la modalidad de teleformación se caracterizan por llevarse a cabo a través de herramientas de comunicación *online* (sincrónicas o asincrónicas). Algunas de estas herramientas no permiten que el *feedback* proporcionado por el tutor sea inmediato (por ejemplo, correos electrónicos, foros, etc.). Por ello, se suelen emplear diferentes vías de comunicación entre el tutor y el alumnado.

En este tipo de acciones formativas, resulta fundamental la acción tutorial y el seguimiento formativo, ya que es probable que los alumnos requieran orientación sobre diferentes aspectos: cómo abordar el estudio de manera autónoma, cómo utilizar los recursos y materiales formativos, cuál es el sistema de evaluación, cómo navegar por el aula virtual, cómo plantear las consultas y dudas, entre otros.

Por otro lado, esta modalidad puede generar pérdida de interés en alumnos poco habituados al autoaprendizaje, por lo que el tutor debe realizar las acciones oportunas para motivar, fomentar la participación activa, orientar y realizar un seguimiento individualizado del proceso de aprendizaje.

Las principales ventajas de la teleformación son la flexibilidad (ausencia de limitaciones geográficas u horarias) y la adaptación a los ritmos, intereses y necesidades del alumnado.

Según Cabero (2006), las características distintivas de la formación en red son:

- Aprendizaje mediado por ordenador.

- Uso de navegadores web para acceder a la información.

- Conexión profesor-alumno separados por el espacio y el tiempo.

- Utilización de diferentes herramientas de comunicación, tanto sincrónica como asincrónica.

- Multimedia.

- Hipertextual-hipermedia.

- Almacenaje, mantenimiento y administración de los materiales sobre un servidor web.

- Aprendizaje flexible.

- Aprendizaje muy apoyado en tutorías.

- Materiales digitales.

- Aprendizaje individualizado versus colaborativo.

- Interactiva.

- Uso de protocolos TCP y HTTP para facilitar la comunicación entre los estudiantes y los materiales de aprendizaje, o los recursos.

Características de la formación presencial y en red (Cabero *et al.*, 2005)	
Formación basada en la red	Formación presencial tradicional
– Permite que los estudiantes vayan a su propio ritmo de aprendizaje.	– Parte de una base de conocimiento, y el estudiante debe ajustarse a ella.
– Es una formación basada en el concepto de formación en el momento en que se necesita *(just-in-time training)*.	– Los profesores determinan cuándo y cómo los estudiantes recibirán los materiales formativos.
– Permite la combinación de diferentes materiales (auditivos, visuales y audiovisuales).	– Parte de la base de que el sujeto recibe pasivamente el conocimiento para generar actitudes innovadoras, críticas e investigadoras.
– Con una sola aplicación puede atenderse a un mayor número.	– Tiende a apoyarse en materiales impresos y en el profesor como fuente de estudiantes de presentación y estructuración de la información.
– El conocimiento es un proceso activo de construcción.	
– Tiende a reducir el tiempo de formación de las personas.	– Tiende a un modelo lineal de comunicación.
– Tiende a ser interactiva, tanto entre los participantes en el proceso (profesor y estudiantes) como con los contenidos.	– La comunicación se desarrolla básicamente entre el profesor y el estudiante.
– Tiende a realizarse de forma individual, sin que ello signifique la renuncia a la realización de propuestas colaborativas.	– La enseñanza se desarrolla de forma preferentemente grupal.
– Puede utilizarse en el lugar de trabajo y en el tiempo disponible por parte del estudiante.	– Puede prepararse para desarrollarse en un tiempo y en un lugar.
– Es flexible.	– Se desarrolla en un tiempo fijo y en aulas específicas.
– Tenemos poca experiencia en su uso puesta en funcionamiento.	– Tiende a la rigidez temporal.
	– Tenemos mucha experiencia en su utilización.
– No siempre disponemos de los recursos estructurales y organizativos para su puesta en funcionamiento.	– Disponemos de muchos recursos estructurales y organizativos para su puesta en funcionamiento.

Modalidad mixta

La modalidad mixta (o semipresencial) es una combinación de las dos modalidades formativas expuestas anteriormente (presencial y a distancia/*online*). Esta modalidad formativa también se conoce como *Blended Learning* o *B-Learning*.

Es una modalidad formativa muy efectiva, ya que suma las ventajas de las otras dos modalidades. Generalmente, los alumnos realizan la mayor parte del proceso de aprendizaje de manera autónoma (a distancia/*online*) y las sesiones presenciales tienen como objetivos:

– Presentación e introducción a los temas.

– Orientación y asesoramiento.

– Establecimiento de pautas (generales o individualizadas) para el proceso de aprendizaje.

– Resolución de dudas o consultas.

– Exposición de los temas que hayan resultado más difíciles de asimilar para los alumnos.

– Realización de actividades prácticas.

– Realización de evaluaciones.

Modalidad presencial	Modalidad a distancia/*online*	Modalidad mixta
El formador marca el ritmo el proceso de enseñanza-aprendizaje.	El alumno marca el ritmo y organiza sus tiempos.	El alumno organiza su tiempo en la fase a distancia y el formador lo hace en las sesiones presenciales.
No es necesario tener dominio de las TIC.	Imprescindible dominio de las TIC.	Imprescindible dominio de las TIC.
No hay flexibilidad en relación a horarios de impartición y ubicación.	Total flexibilidad de horarios e independencia de ubicación geográfica.	Flexibilidad de horarios e independencia de ubicación geográfica en la fase *online*.
Necesidad de aulas e instalaciones.	Necesidad de plataforma de teleformación.	Necesidad de aulas, instalaciones y plataforma de teleformación.
Adecuado para alumnos sin hábito de estudio o estrategias de autoaprendizaje.	Adecuado para alumnos con hábito de estudio y estrategias de autoaprendizaje.	Adecuado para alumnos con hábito de estudio y estrategias de autoaprendizaje.
Adecuado para el aprendizaje de habilidades prácticas, destrezas y competencias.	Adecuado para aprendizajes teóricos.	Adecuado para el aprendizaje de habilidades teórico-prácticas.

1.2. Plan tutorial: estrategias y estilos de tutoría y orientación

El plan de acción tutorial (conocido también por las siglas PAT) es el marco en el que se detallan las principales líneas de actuación tutorial. Este plan engloba el conjunto de acciones tutoriales que deben llevarse a cabo, ordenándolas en el tiempo (mediante *timing* o cronograma), con el objetivo de llevar a cabo una tutorización planificada, organizada y estructurada.

La elaboración de este plan es indispensable para planificar y organizar las tutorías, ya que en él se especifican las acciones tutoriales que se van a desarrollar y el momento en el cual se pondrán en marcha. Aun así, además de las acciones previstas en el plan, las tutorías incluirán otras actuaciones que dependerán del desarrollo de la acción formativa y las necesidades del alumnado.

A continuación se muestra un ejemplo del cuadro-resumen de un plan tutorial:

Acción tutorial	Temporalización	Técnicas, recursos y/o materiales	Tipo	
			Individual	Grupal
Actividad de acogida/ presentación de la acción formativa y del tutor-formador	Inicio del curso	Guía didáctica y foro	☐	☑
Información sobre el sistema de evaluación	Inicio del curso	Guía didáctica	☐	☑
Seguimiento individualizado	Frecuencia mensual	Entrevista personal y cuestionarios	☑	☐
...			☐	☐
...			☐	☐

El desarrollo de un plan tutorial implica un proceso sistemático y continuo, que debe iniciarse por una fase de definición de los objetivos que pretenden alcanzarse con las actuaciones tutoriales. Una vez se han determinado estos objetivos, es necesario planificar qué actuaciones van a llevarse a cabo y sus características (tipología —individual o grupal—, técnicas, recursos o materiales necesarios, etcétera).

El siguiente paso es la programación de las acciones tutoriales, estableciendo un cronograma en el que se especifique el momento o la periodicidad con la que se realizarán las actuaciones. Tras implementar el plan tutorial, es necesario realizar una evaluación del mismo para recibir *feedback* de su efectividad y poder mejorar el procedimiento en futuras acciones.

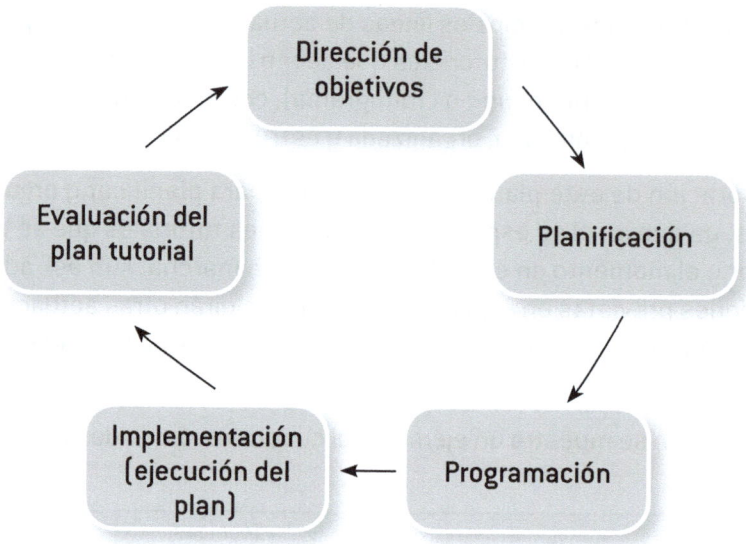

Estrategias y estilos de tutoría

Al considerar las acciones tutoriales como base del proceso de seguimiento, orientación y asesoramiento al alumnado, se pone de manifiesto la necesidad de adaptar las estrategias tutoriales a las características de cada alumno. Las características del alumnado dependen de diversos factores como: nivel formativo, conocimientos previos, motivación, situación laboral, edad, nivel socioeconómico y cultural, o entorno.

Además, las estrategias utilizadas en las acciones tutoriales dependen de la función que cumplan:

— Función orientadora:

- Guiar sobre el proceso de enseñanza-aprendizaje.
- Asesorar sobre técnicas de estudio y utilización de los materiales formativos.
- Ayudar al alumno a regular su ritmo de trabajo, teniendo en cuenta sus características, intereses y necesidades.
- Clarificar el uso de los materiales y sistemas de comunicación.
- Motivar al alumnado.
- Aclarar los objetivos y criterios de evaluación.
- Favorecer la comunicación y la participación activa del alumnado.

- Función didáctica:
  - Resolver dudas y consultas sobre el contenido formativo.
  - Aclarar los objetivos, contenidos y criterios de evaluación.
  - Detectar posibles lagunas o deficiencias y suplirlas mediante la propuesta de actividades o materiales de refuerzo.
  - Favorecer las generalizaciones, enmarcando los aprendizajes realizados en contextos más amplios.
  - Evaluar el proceso de enseñanza-aprendizaje.

Dependiendo de la modalidad formativa, los estilos de tutoría y orientación serán diferentes:

- *Tutoría presencial:* la interacción entre tutor y alumno es directa, por lo que la comunicación es más fluida. El tutor debe informar al inicio de la acción formativa cuál será el horario de tutorías. Las actuaciones presenciales pueden ser:
  - Tutorías individuales: se realizan de manera directa y personalizada.
  - Tutorías grupales: se realizan de manera conjunta para tratar temas de interés general para el grupo.
- *Tutoría no presencial:* las vías de comunicación para que el alumno y el tutor interactúen pueden ser asincrónicas (foro, correo electrónico, etc.) o sincrónicas (chat, teléfono, videoconferencia, etc.). El tutor debe especificar cuál será el horario de tutorías y los medios para llevarlas a cabo.

1.3. Estrategias de aprendizaje autónomo. Estilos de aprendizaje

El aprendizaje autónomo puede definirse como «aquella capacidad que le permite al estudiante tomar decisiones que le conduzcan a regular su propio aprendizaje en función de una determinada meta y a un contexto o condiciones específicas de aprendizaje» (Monereo, C. y Castelló, M. 1997).

En los procesos de aprendizaje autónomo, el alumno es quien desempeña el papel central. La autonomía en el aprendizaje implica:

- El desarrollo de la capacidad de «aprender a aprender».

- La capacidad para dirigir, regular y evaluar el propio aprendizaje.

- El uso de determinadas estrategias de aprendizaje autónomo.

La capacidad de aprendizaje autónomo es una condición necesaria para el éxito de las acciones formativas en modalidad *e-learning.* Por ello, los tutores en línea (o teletutores) deben poner en marcha estrategias tutoriales que fomenten este tipo de aprendizaje, facilitando que cada alumno pueda apreciar sus propios progresos.

Estrategias de aprendizaje autónomo

Los responsables de la acción tutorial pueden fomentar el aprendizaje autónomo mediante la incorporación de determinadas estrategias, como:

- Facilitar al alumnado un método de trabajo o estudio estructurado. Aunque es el alumno el que debe dirigir su propio proceso de aprendizaje, ofrecerle unas pautas generales puede resultar de gran utilidad. Un ejemplo de método de trabajo individual es:

  - Revisión de los objetivos de la unidad.

  - Prelectura y/o revisión del contenido.

  - Lectura detenida.

  - Realización de las actividades propuestas.

  - Participación en los debates del foro.

  - Realización de autoevaluaciones.

  - Relectura del contenido que no ha sido asimilado correctamente (errores en las autoevaluaciones).

  - Realización de las pruebas de evaluación.

– Establecer un plan de trabajo. El tutor puede establecer fechas de entrega de las actividades o trabajos que vaya proponiendo a lo largo de la acción formativa. Estas fechas de entrega sirven como base para que el alumno se organice y planifique su estudio.

Estilos de aprendizaje

Los estilos de aprendizaje son las estrategias habituales o preferencias, relativamente estables, utilizadas por cada persona para procesar, organizar, comprender y retener la información, así como para aplicar los aprendizajes adquiridos. Es importante destacar que los diferentes estilos de aprendizaje pueden hacer que un método o estrategia de enseñanza sea efectivo en unos casos e inefectivo con otros alumnos.

> «Los estilos de aprendizaje son los rasgos cognitivos, afectivos y fisiológicos, que sirven como indicadores relativamente estables, de cómo los discentes perciben, interaccionan y responden a sus ambientes de aprendizaje» (Keefe, 1988).

Los tutores, al conocer los estilos de aprendizaje de cada alumno, pueden:

– Diseñar los procesos de enseñanza-aprendizaje teniendo en cuenta los diferentes estilos de aprendizaje.

– Adaptar su estilo de enseñanza a los estilos de aprendizaje de los alumnos.

– Adaptar los contenidos, materiales, actividades y ejercicios.

– Utilizar los métodos didácticos apropiados según los estilos de aprendizaje.

– Identificar a los alumnos cuyo estilo de aprendizaje sea diferente al de la mayoría del grupo y que, por lo tanto, requieran determinadas adaptaciones.

Una clasificación de los estilos de aprendizaje es la realizada por Honey y Mumford (1986), quienes establecieron los siguientes tipos:

A. ESTILO DE APRENDIZAJE ACTIVO *(ACTIVIST)*

Las personas en las que predomina un estilo de aprendizaje activo se caracterizan por involucrarse directamente en nuevas experiencias, teniendo preferencia por las situaciones nuevas que suponen un reto. Prefieren actuar en primer lugar y, posteriormente, considerar las consecuencias. Por otro lado, tienden a aburrirse con las actividades que requieren un trabajo a largo plazo.

Las actividades más adecuadas para el estilo de aprendizaje activo son: resolución de problemas, investigación o descubrimiento autónomo, actividades variadas, lluvia de ideas, competición de equipos, representación de roles, entre otras.

B. ESTILO DE APRENDIZAJE PRAGMÁTICO *(PRAGMATIST)*

El estilo de aprendizaje pragmático se caracteriza por la necesidad de comprobar la utilidad y aplicación práctica de las teorías y técnicas.

Las actividades más adecuadas para el estilo de aprendizaje pragmático son: elaboración de planes de acción, aplicación de técnicas, actividades prácticas, imitación de modelos, solución de problemas, realización de tareas aplicables a la vida real, por ejemplo.

C. ESTILO DE APRENDIZAJE REFLEXIVO *(REFLECTOR)*

Las personas cuyo estilo de aprendizaje es predominantemente reflexivo se caracterizan por analizar detenidamente la información antes de extraer conclusiones. Tienen tendencia a adoptar un segundo plano en debates y talleres. Prefieren recabar todos los datos posibles, analizarlos minuciosamente y valorar todas las perspectivas antes de tomar decisiones.

Las actividades más adecuadas para el estilo de aprendizaje reflexivo son: investigación detenida y profunda, observación, intercambio de opiniones, visualización de vídeos, reflexión, etcétera.

D. ESTILO DE APRENDIZAJE TEÓRICO *(THEORIST)*

El estilo de aprendizaje teórico se caracteriza por la tendencia a pensar de manera lógica y secuencial, integrando los nuevos aprendizajes en teorías más amplias o complejas. A las personas en las que predomina este estilo les

gusta analizar y sintetizar la información, encajándola en esquemas raciona-
les y buscando los supuestos básicos y principios que la sustentan.

Las actividades más adecuadas para el estilo de aprendizaje teórico son: análisis de situaciones complejas, estudio de teorías, principios o modelos, debates abiertos, elaboración de hipótesis, sesiones de preguntas y respuestas,
talleres estructurados, entre otras.

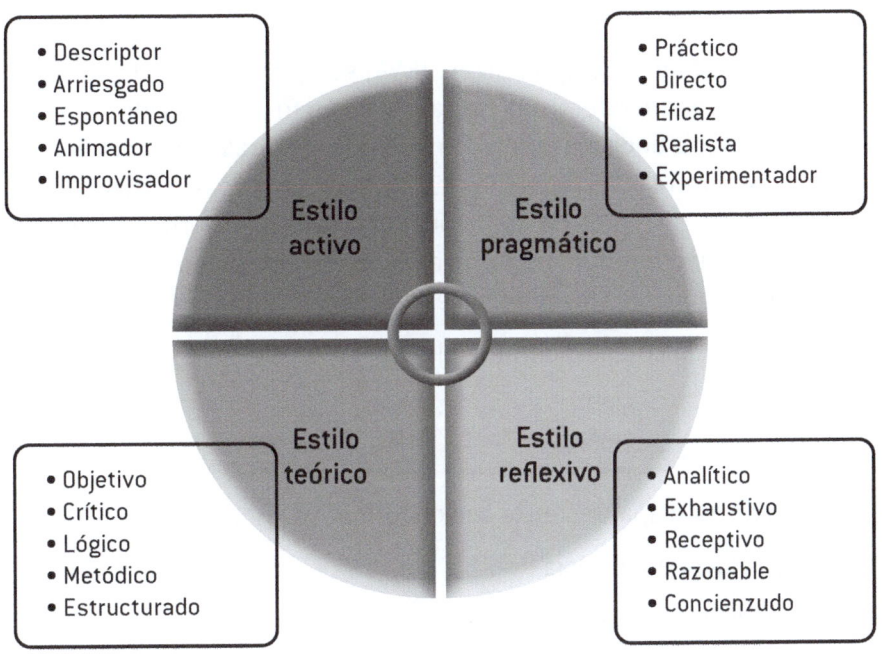

- Descriptor
- Arriesgado
- Espontáneo
- Animador
- Improvisador

Estilo activo

- Práctico
- Directo
- Eficaz
- Realista
- Experimentador

Estilo pragmático

- Objetivo
- Crítico
- Lógico
- Metódico
- Estructurado

Estilo teórico

Estilo reflexivo

- Analítico
- Exhaustivo
- Receptivo
- Razonable
- Concienzudo

1.4. La comunicación *online*

Todos los procesos de enseñanza-aprendizaje se basan en la comunicación
docente-alumno/s y alumno/s-alumno/s. En las acciones formativas en línea,
la separación espaciotemporal entre los participantes implica que el proceso de comunicación se produzca de manera mediada. Es decir, la comunicación *online* se caracteriza por realizarse a través de medios telemáticos (foros, chats, mensajería, etc.) que, generalmente, suelen integrarse en las plataformas de *e-learning*.

Estas particularidades de la comunicación *online* hacen necesario que los
participantes (tutores y alumnado) tengan las competencias tecnológicas necesarias para utilizar adecuadamente las herramientas de comunicación disponibles.

La comunicación *online* se lleva a cabo a través de dos tipos de herramientas:

- *Herramientas de comunicación asíncrona:* no requieren coincidencia temporal entre los emisores y receptores del mensaje para llevar a cabo la comunicación. Algunas de estas herramientas son: foros o correos electrónicos.

- *Herramientas de comunicación síncrona* (en tiempo real): se realiza a través de la interacción entre los interlocutores mediante una coincidencia temporal. Algunas de las principales herramientas sincrónicas son los chats y las videoconferencias.

Los entornos virtuales de aprendizaje (EVA) son plataformas de aprendizaje *online* que incorporan diferentes herramientas y funcionalidades. Los entornos virtuales de aprendizaje están compuestos, generalmente, por diferentes elementos como: área de contenidos/evaluación, área de recursos/biblioteca, área de información y área de comunicación. Cada plataforma de teleformación puede incluir diferentes herramientas de comunicación y trabajo colaborativo, siendo algunas de las principales:

- Correo electrónico interno (mensajería).

- Chat.

- Foros.

- Listado de participantes en la acción formativa.

- Salas de videoconferencia.

- Pizarras digitales.

- Sistemas *wikis.*

- Blogs.

Lenguaje escrito en la comunicación *online*

En las acciones formativas en modalidad *e-learning,* la mayor parte de las comunicaciones se realizan de forma escrita (salvo las videoconferencias o audioconferencias). Por ello, el tutor debe adaptar el lenguaje utilizado al *e-learning.* El lenguaje escrito empleado debe reunir las siguientes características:

- Lenguaje claro y sencillo: se aconseja utilizar frases cortas y sencillas (evitar la subordinación) y emplear las palabras precisas para evitar ambigüedades.

- Mensajes cortos y directos: conviene evitar los discursos largos y las divagaciones.

- Estilo directo: es recomendable emplear frecuentemente la segunda persona del singular para dar sensación de proximidad en las comunicaciones.

- Corrección ortográfica y gramatical.

- Lenguaje motivador y cercano: es necesario transmitir cercanía mediante el uso de expresiones amigables y motivadoras.

- Textos estructurados: en la comunicación oral, a veces se presentan las ideas de manera desestructurada. Sin embargo, en el lenguaje escrito es imprescindible que los textos tengan una estructura clara y definida para facilitar su comprensión.

- Emplear las reglas de buena conducta en la comunicación *online* conocidas como *netiquette,* como:

    • Evitar el uso de mayúsculas, ya que se interpretan como gritos o expresiones agresivas.

    • Ser ágiles en las respuestas.

    • Respetar la privacidad de los demás.

    • No escribir nada que no se diría en una conversación cara a cara.

    • Etcétera.

Comunicación síncrona: el chat

La herramienta de comunicación síncrona más utilizada en la formación en línea es el chat. El chat es un servicio que permite el intercambio de mensajes en tiempo real entre varias personas conectadas a través de internet de manera simultánea.

Para el uso eficaz del chat en las acciones formativas *online*, es recomendable que el tutor siga las siguientes pautas:

A. PREPARACIÓN DE LA SESIÓN DE CHAT

Las sesiones de chat pueden estar planificadas desde el inicio del curso (incluidas en el cronograma o agenda del curso) o realizarse en función de las necesidades específicas de un grupo (propuestas de alumnos, sesiones de coordinación de trabajos colaborativos no previstas, etc.). En cualquier caso, para preparar una sesión de chat, el tutor debe:

- Enviar un mensaje a los alumnos informándoles de la fecha y hora de la sesión de chat, su objetivo y la duración de la sesión.

– Solicitar confirmación de asistencia. En el caso de que hubiese un número suficiente de alumnos que deseen participar en la sesión de chat pero no tengan disponibilidad para asistir en la fecha y hora prevista, el tutor debe considerar dos alternativas: modificar la fecha u hora de la sesión, o bien, convocar diferentes sesiones con distintos horarios.

– Informar a los alumnos de la preparación previa al chat (actividades que deben realizar con antelación a la sesión como: leer un material, realizar una tarea o actividad, entre otras).

– Dar las instrucciones necesarias sobre cómo acceder al chat, así como los datos técnicos oportunos para la participación en el mismo. Generalmente, se recomienda a los alumnos que realicen una prueba de acceso al chat con antelación al inicio de la sesión, para verificar que no existen incidencias y, en el caso de que estas se produzca, poder solucionarlas y permitir el acceso a la sesión prevista.

– En el caso de que una gran cantidad de alumnos confirmen su asistencia a la sesión de chat, subdividir a los participantes en grupos de siete a diez integrantes, para no saturar la conversación.

Ejemplo de mensaje «Convocatoria de sesión de chat»

Estimados/as alumnos/as:

Con el objetivo de debatir las diferentes soluciones de la actividad final del módulo formativo 3, les convoco a una sesión de chat que se realizará el día 17 a las 18:00 horas y tendrá una duración de una hora.

Para asistir a la sesión de chat, es necesario que hayan leído el apartado 2.4 del módulo 3 y hayan realizado la actividad planteada.

Para acceder a la sesión, deben utilizar la opción que aparece en el Aula Virtual denominada «Chat». Les recomiendo que entren en la sala de chat algunos días antes para verificar que no tienen problemas de acceso. En el caso de presentarse alguna incidencia, pueden comunicármelo a través de mensajería y la solucionaremos lo antes posible.

Se ruega confirmación de la asistencia a la sesión de chat antes del día 14.

Un saludo.

B. DESARROLLO DE LA SESIÓN DE CHAT

Para el correcto desarrollo de una sesión de chat, es recomendable que el tutor:

- Comience la sesión saludando a los participantes y señalando las reglas básicas de participación.

- Solicite a los alumnos que se presenten a medida que acceden al chat.

- Establezca un orden de participación.

- Proponga debates y/o temas que tratar, cerrando previamente los temas ya tratados, realizando una síntesis de los aspectos más relevantes y extrayendo conclusiones.

C. CIERRE DE LA SESIÓN DE CHAT

Tras el desarrollo de la sesión de chat, el tutor es la persona responsable de su cierre. Para ello debe:

- Realizar una síntesis de los aspectos más relevantes de los puntos tratados.

- Extraer conclusiones.

- Despedirse de los alumnos, agradeciéndoles su participación en el chat y sus aportaciones.

- Guardar la conversación de chat (para futuras consultas, dejar constancia de su realización, enviarla a los alumnos, etcétera).

- Aportar la información más relevante a los alumnos que no asistieron.

1.5. La figura del tutor presencial y tutor en línea

La figura del tutor puede entenderse como el «profesor que, además de realizar su labor pedagógica, desempeña tareas relacionadas con el desarrollo personal, académico y social de los alumnos, bien de forma individual o en grupo en función del nivel educativo en el cual se desenvuelva» (Cabero, 2011).

En términos generales, la figura del tutor *online* no difiere excesivamente del papel del tutor presencial, ya que en ambos casos, comparten la misma meta (facilitar el aprendizaje del alumnado) y realizan funciones similares.

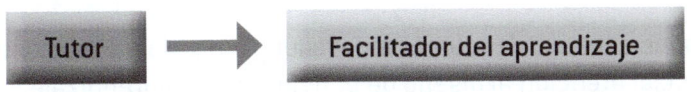

1.5.1. Estrategias y estilos de tutoría

Las estrategias tutoriales hacen referencia a la forma de actuar por parte del tutor en el contexto de una acción formativa concreta, con el objetivo de facilitar el aprendizaje del alumnado.

En términos generales, pueden agruparse las tutorías en dos grandes bloques: presenciales y a distancia.

A. TUTORÍAS PRESENCIALES

Las tutorías presenciales son aquellas que permiten el contacto directo entre tutor y alumno, existiendo retroalimentación inmediata. En ellas, pueden abordarse de manera detallada una gran cantidad de temas, como realizar un seguimiento de la actividad y el aprendizaje del alumno, informar sobre el rendimiento y el resultado de las evaluaciones, intercambiar experiencias y opiniones, reforzar la motivación del alumno, aclarar dudas u ofrecer orientaciones acerca del proceso de enseñanza-aprendizaje.

Las tutorías presenciales pueden ser individuales o grupales. En ambos casos, su realización debe estar previamente planificada (lo cual no significa que puedan realizarse algunas sesiones de tutorías no previstas, en función de las necesidades específicas de cada alumno, grupo y/o acción formativa).

- Tutorías individuales: en esta modalidad, el tutor debe poner en marcha estrategias para ofrecer un trato personalizado a cada alumno sobre aspectos concretos.

- Tutorías grupales: si el grupo es lo suficientemente homogéneo, es frecuente que el alumnado encuentre dificultades similares en los procesos de enseñanza-aprendizaje. En estos casos, las tutorías grupales suelen ser de gran utilidad, ya que no solo ahorra tiempo, sino que, además, fomentan la integración e interacción entre los alumnos.

B. TUTORÍAS A DISTANCIA

Las tutorías a distancia son características de la formación en línea, aunque también pueden darse en la formación presencial. En ambos casos, la función principal del tutor es la de servir como apoyo y guía al alumnado.

Según Lozano (2010) existen cuatro estilos de tutoría en la modalidad de formación en línea:

- Diseñador: este tipo de tutor es innovador y busca la mejora continua. Presta especial atención al diseño de actividades de aprendizaje, procurando ser creativo y proponer diferentes tipos de tareas. Busca el desarrollo integral de los alumnos.

– Mediador: estos tutores se caracterizan por fomentar la cooperación y comunicación entre los alumnos. Está más centrado en las personas que en la tarea.

– Facilitador: se centran en facilitar que el alumnado adquiera los conocimientos y habilidades previstos, evaluando los avances de cada alumno y asesorándoles para que alcancen los objetivos planificados.

– Corrector: este tipo de tutor es analítico y está más enfocado a dar orientación acerca de las tareas y el contenido, que acerca del desarrollo de los alumnos.

Las tutorías a distancia pueden realizarse, al igual que las presenciales, de manera individual o grupal, utilizando en cada caso las herramientas de comunicación oportunas. Las principales modalidades de tutorías a distancia son:

– Tutoría escrita: puede desarrollarse, principalmente, mediante foros, sesiones de chat o correo electrónico. Una de sus mayores ventajas es que la interacción queda registrada, de manera que se facilita el seguimiento y, además, el alumno puede acceder y releer la comunicación con el tutor cuando lo desee o necesite.

– Tutoría telefónica: este tipo de tutorías permite una comunicación inmediata y personalizada. Además, fomenta la motivación del alumno, ya que este percibe que el tutor le está prestando atención y se preocupa por su aprendizaje.

– Tutoría virtual: este tipo de acción tutorial se desarrolla a través de herramientas disponibles en las plataformas de *e-learning,* como las videoconferencias. De esta manera, pueden realizarse tutorías cara a cara individuales o tutorías grupales.

1.5.2. Roles: activo, proactivo y reactivo

En los procesos de enseñanza-aprendizaje, el tutor puede asumir diferentes roles: activo, proactivo y reactivo.

A. ROL ACTIVO

El tutor que adopta un rol activo es aquel que no solo busca transmitir conocimientos, sino que también lleva a cabo un seguimiento del proceso formativo, con el objetivo de valorar los logros de los estudiantes y orientarles, proponerles cambios, asesorarles, etcétera.

B. ROL PROACTIVO

El tutor que adopta un rol proactivo se adelanta a las necesidades del alumnado y propone nuevas actuaciones en previsión a lo que pueda acontecer durante el desarrollo del proceso formativo. Este tipo de roles se da con mayor frecuencia en la formación en línea, en la que es fundamental motivar al alumnado, ofrecerles orientación, facilitarles recursos y estrategias, etc. En este tipo de tutorías, el tutor toma la iniciativa del contacto con los alumnos, haciendo uso de las herramientas de comunicación disponibles, mejorando así la motivación y participación del alumnado.

C. ROL REACTIVO

El rol reactivo se caracteriza por la actitud pasiva del tutor, el cual solo reacciona ante las demandas del alumnado (por ejemplo, cuando un alumno plantea una duda o consulta). Este tipo de tutores no anima a la participación ni promueve interacciones, ya que concibe el proceso de enseñanza-aprendizaje como una transmisión de información del docente/tutor al alumnado. Generalmente, este tipo de tutorías se da en aquellas situaciones en las que la ratio de alumnos por tutor es muy elevada (especialmente en los cursos de formación en línea).

1.5.3. Funciones del tutor

Tal y como se comentó anteriormente, el rol del tutor en línea y el tutor presencial no difiere en exceso, ya que comparten el objetivo común de actuar como facilitadores del aprendizaje y realizan funciones similares. Algunas de estas funciones son:

- Facilitar el aprendizaje del alumnado.
- Ofrecer asesoramiento y orientación al alumnado.
- Resolver las dudas, realizar aclaraciones y responder preguntas.
- Apoyar los procesos de aprendizaje ofreciendo sugerencias sobre cómo abordar el contenido y las actividades propuestas.
- Motivar al alumnado.
- Sintetizar las contribuciones del alumnado.
- Proponer y moderar debates sobre aspectos clave.
- Reforzar la autonomía de los alumnos.
- Plantear actividades alternativas de puesta en práctica o profundización en el contenido.

- Gestionar los contenidos de la acción formativa.

- Supervisar y revisar los materiales para garantizar que se adaptan a los objetivos y están actualizados.

- Adaptar la programación cuando sea necesario, introduciendo las modificaciones oportunas.

- Realizar el seguimiento y evaluación del aprendizaje del alumnado.

- Proporcionar *feedback* a los alumnos sobre sus progresos y facilitarles orientaciones para mejorar su proceso de aprendizaje.

- Revisar el desarrollo del programa a partir de los resultados de evaluación.

- Fomentar la participación y la colaboración entre los participantes.

- Asegurar la calidad durante el proceso formativo midiendo satisfacción y resultados.

Aun así, la formación en línea posee características distintivas que suponen la aparición de nuevos espacios formativos y, por tanto, de nuevos roles docentes y funciones específicas. En este sentido, Cabero (2004) sintetiza las funciones propias del tutor virtual:

- **Función técnica:** el tutor debe asegurarse de que todos los alumnos conozcan y comprendan el funcionamiento del entorno (herramientas disponibles, vías de comunicación, estructura del aula virtual, etcétera).

- **Función académica:** el tutor debe dominar los contenidos de la acción formativa, ser competente en la evaluación de los alumnos, poseer habilidades didácticas, etcétera.

- **Función orientadora:** otra función del tutor consiste en ofrecer asesoramiento personalizado al alumnado en relación a las técnicas y estrategias de formación, guiando a cada alumno en el proceso de enseñanza-aprendizaje.

- **Función organizativa:** se trata de realizar tareas relacionadas con la planificación de la acción formativa (estructura, calendario, normas de funcionamiento, organización, entre otras).

- **Función social:** es una función de gran importancia en la formación en línea, ya que minimiza los efectos negativos que puedan producir la sensación de aislamiento y/o la pérdida de motivación. Esta función consiste en dinamizar la acción formativa, estimulando la participación activa de los alumnos y favoreciendo la colaboración entre los participantes.

1.5.4. Habilidades tutoriales

Para desarrollar eficazmente sus funciones en el proceso formativo, los tutores deben poseer una serie de habilidades o competencias básicas. Barker (2002) propuso la siguiente clasificación de competencias de los tutores en línea:

-   Competencias pedagógicas:

    -   Estructurar el conocimiento.

    -   Profundizar/investigar temas.

    -   Diseño de tareas individualizadas para el autoaprendizaje.

    -   Diseño de actividades de trabajo en grupo.

    -   Formular estrategias de valoración.

    -   Guiar, aconsejar y proporcionar *feedback*.

-   Competencias técnicas:

    -   Utilizar adecuadamente el correo electrónico.

    -   Saber dirigir y participar en comunicaciones asincrónicas.

    -   Diseñar, crear y controlar las salas de chat sincrónicas.

    -   Dominar y utilizar procesadores de texto, hojas de cálculo y bases de datos.

    -   Utilizar herramientas de creación de páginas web.

    -   Usar el *software* con propósitos determinados.

-   Competencias organizativas:

    -   Seleccionar y organizar a los estudiantes para realizar actividades grupales.

    -   Establecer estructuras en la comunicación en línea con una determinada lógica.

    -   Organizar a los estudiantes teniendo en cuenta sus datos geográficos.

    -   Recopilar y archivar los trabajos de los estudiantes para su posterior valoración.

    -   Organizar las tareas administrativas.

1.5.5. Organización y planificación de las acciones tutoriales

Para facilitar el desarrollo de las acciones tutoriales en la formación profesional para el empleo, estas actuaciones deberán estar planificadas y detalladas a través de la elaboración de un documento en el que se describan todas las acciones tutoriales encaminadas a favorecer el proceso de aprendizaje del alumnado durante el desarrollo de la acción formativa.

Un plan de acciones tutoriales debe describir, al menos, los siguientes aspectos de una acción formativa:

1. Datos básicos de la acción formativa: denominación, duración, modalidad, destinatarios, temporalización, entre otros.

2. Objetivos (generales y específicos).

3. Estructura del contenido: unidades y/o módulos formativos, unidades didácticas, objetivos específicos y duración de cada unidad, etcétera.

4. Actuaciones docentes en cada unidad/módulo (especificar el tipo de actuación, descripción, duración prevista, temporalización, objetivos que persigue, etcétera).

5. Recursos necesarios en cada momento y características de los mismos.

6. Actividades y tareas a realizar por el alumnado en cada unidad y/o módulo formativo (especificar el tipo de actividad, descripción, duración prevista, objetivos que persigue, criterios de evaluación o corrección, etcétera).

7. Sistema y herramientas de evaluación, así como los criterios de evaluación de cada unidad o módulo formativo.

8. Otros aspectos organizativos.

1.5.6. Coordinación de grupos. Búsqueda de soluciones

La organización y coordinación de grupos de trabajo es una de las funciones que deben desempeñar los tutores en la formación profesional para el empleo. Los grupos de trabajo pueden definirse como equipos de alumnos a los cuales se les asigna una tarea o actividad que deben realizar conjuntamente. Estos alumnos pueden encontrarse en la misma aula (formación presencial) o dispersos geográficamente (formación en línea). En este último caso, deberán comunicarse a través de medios telemáticos.

Para la coordinación de grupos de trabajo, se recomienda que el tutor siga las siguientes pautas:

- Proponer una división de grupos, ahorrando tiempo en la constitución de los equipos. El tamaño recomendado para los grupos es de cinco a siete miembros.

- Seleccionar un moderador en cada equipo, que será el encargado de dirigir el trabajo del equipo, convocar las reuniones del grupo, comunicarse con el tutor/docente, realizar la entrega de tareas o actividades, etcétera.

- Crear un espacio de comunicación o trabajo colaborativo propio de cada grupo.

- Facilitar las instrucciones de trabajo adecuadas. Es conveniente que las instrucciones se entreguen detalladas en un documento que los alumnos puedan consultar cuando lo deseen, incluyendo información acerca de:

  - Objetivos de la actividad que se va a realizar.

  - Descripción detallada de la tarea.

  - Recomendaciones generales y criterios de realización de las actividades.

  - Plazos de entrega.

  - Instrucciones acerca de la entrega (formato, extensión, etcétera).

  - Criterios de evaluación.

  - Propuesta de cronograma o plan de trabajo.

A continuación se muestra un ejemplo de propuesta de cronograma para el trabajo colaborativo:

Plan de trabajo	
Semana 1	Reunión inicial del grupo (sesión de chat) para definir la asignación de tareas e instrucciones generales.
Semana 2	Trabajo individual.
Semanas 3-4	Reunión de grupo. Puesta en común. Análisis de los trabajos individuales.
Semana 5	Entrega parcial.
Semana 6	Reunión de grupo. Debate. Valoración del trabajo. Correcciones. Nuevas aportaciones.
Semana 7	Entrega final.

Técnicas de dinamización

Para solucionar los problemas que puedan aparecer en los grupos de trabajo, moderar la comunicación de los participantes y fomentar la participación en los cursos de formación en línea, el tutor puede emplear diferentes técnicas de dinamización. Algunas técnicas de dinamización que pueden utilizarse en los cursos *e-learning* son:

— Redirigir las preguntas al aula virtual: con frecuencia, los alumnos dirigen sus cuestiones o dudas al tutor mediante correo o mensajería. Una técnica de dinamización es trasladar la pregunta al aula (por ejemplo, al foro de debate) y animar la participación del resto de alumnos. De esta manera, se motivará al alumno haciéndole ver que su pregunta era útil o de interés general y se facilitará la interacción con los compañeros. Una manera de introducir la pregunta del alumno podría ser «Uno de los participantes en este curso ha planteado una cuestión muy interesante acerca de…».

— Promover la participación: existen diferentes modalidades para fomentar la participación activa del alumnado, siendo las principales:

  • A través de mensajes personales: se trata de dirigirse directamente a un alumno planteándole una cuestión que debe responder en el aula, por ejemplo, «Me gustaría que nos dieses tu opinión acerca del tema en el foro de debate». También resulta eficaz preguntarle si tiene alguna duda acerca del funcionamiento de las herramientas de comunicación del aula virtual, indicándole que hemos detectado que no ha participado en ella.

  • A través de valoraciones de actividades: al enviar correcciones de tareas a un alumno, puede promoverse su participación, animándole a compartir en el aula su experiencia, opinión, resultados, dudas, etcétera.

  • A través del contenido: a lo largo del contenido de una acción formativa, pueden incluirse elementos que fomenten la participación en el aula virtual, como preguntas abiertas sin responder, reflexiones, temas de debate, entre otros.

— Crear foros: el tutor es la persona encargada de habilitar nuevos foros, cerrar temas y/o administrar subgrupos. Los foros más habituales son:

  • Foro de temas generales y/o administrativos: en este foro pueden tratarse temas organizativos como plazos, calendario, entrega de diplomas o acreditaciones, envíos de material, recursos generales, etcétera.

  • Foro de dudas técnicas: está destinado a resolver consultas sobre el funcionamiento de la plataforma de teleformación.

  • Foro de bienvenida o presentación: se habilita para que los tutores y alumnos se presenten y realicen una primera toma de contacto.

- Foro por tema, unidad o módulo: para organizar las comunicaciones, resulta muy eficaz abrir un foro de debate por cada unidad o módulo del curso.

- Foros de debate: en ocasiones, pueden surgir temas de debate o reflexión que, debido a su importancia, el tutor decide «sacar» del foro en el que aparezca y crear un espacio dedicado exclusivamente a tratarlo.

– Resumir el proceso de enseñanza-aprendizaje: el tutor puede transmitir al alumnado una síntesis de lo que ha ocurrido en la acción formativa hasta ese momento (logros y objetivos alcanzados, nivel de participación, trabajos entregados, propuestas realizadas, hitos, etc.). Estos mensajes pueden finalizarse animando a la participación de los alumnos, para que compartan su experiencia, planteen cuestiones, etcétera.

1.5.7. Supervisión y seguimiento del aprendizaje tutorial

Para garantizar la calidad del proceso de acción tutorial, debe desarrollarse una supervisión y seguimiento del mismo. Esta supervisión debe tener un carácter sistemático y continuo, permitiendo realizar las modificaciones necesarias y las acciones de mejora continua oportunas. Los objetivos generales del proceso de seguimiento del aprendizaje tutorial son:

– Analizar la eficacia de las actuaciones tutoriales.

– Detectar aquellos aspectos y/o acciones tutoriales que no sean funcionales o no den resultados óptimos.

– Buscar estrategias de mejora continua.

– Establecer la periodicidad adecuada para la supervisión, la evaluación y el control en la aplicación del plan tutorial.

Para realizar un seguimiento de la acción tutorial, deben definirse previamente los indicadores e instrumentos para la valoración del plan tutorial. Algunas herramientas para el seguimiento de la acción tutorial son:

– Hojas de cotejo.

– Fichas de registro de las sesiones de tutoría.

– Fichas de seguimiento (individuales y grupales).

– Cuestionarios.

– Entrevistas.

Ficha de registro de sesiones de tutoría				
	Fecha	Alumno/s	Motivo	Planificada	Anotaciones/resultados/valoración
1				❑Sí ❑No	
2				❑Sí ❑No	
3				❑Sí ❑No	
4				❑Sí ❑No	
5				❑Sí ❑No	
...				❑Sí ❑No	

RESUMEN

- En las acciones formativas, el tutor debe asumir un papel que va más allá de la impartición y la transmisión de conocimientos, realizando otras funciones fundamentales en los procesos de enseñanza-aprendizaje como el seguimiento formativo o la facilitación del aprendizaje.

- La acción tutorial se entiende como la labor pedagógica destinada a orientar, guiar y acompañar al alumnado con la finalidad de facilitar el proceso de enseñanza-aprendizaje en las condiciones más favorables posibles.

- El plan de acción tutorial es el marco en el que se detallan las principales líneas de actuación tutorial. Este plan engloba el conjunto de acciones tutoriales que deben llevarse a cabo, ordenándolas en el tiempo, con el objetivo de llevar a cabo una tutorización planificada, organizada y estructurada.

- Las principales funciones de la acción tutorial se dividen en orientadoras y didácticas. Los tipos de tutoría pueden ser: presenciales o no presenciales y grupales o individuales.

- La capacidad de aprendizaje autónomo es una condición necesaria para el éxito de las acciones formativas en modalidad *e-learning*. El aprendizaje autónomo puede definirse como «aquella capacidad que le permite al estudiante tomar decisiones que le conduzcan a regular su propio aprendizaje en función de una determinada meta y a un contexto o condiciones específicas de aprendizaje» (Monereo, C. y Castelló, M. 1997).

- Los estilos de aprendizaje son las estrategias habituales o preferencias, relativamente estables, utilizadas por cada persona para procesar, organizar, comprender y retener la información, así como para aplicar los aprendizajes adquiridos. Una clasificación de los estilos de aprendizaje es: aprendizaje activo, aprendizaje pragmático, aprendizaje reflexivo y aprendizaje teórico.

- En la formación en línea, la comunicación se caracteriza por realizarse a través de medios telemáticos (foros, chats, mensajería, etc.) que, generalmente, suelen integrarse en las plataformas de *e-learning*. La comunicación *online* se lleva a cabo a través de herramientas síncronas (en tiempo real) o asíncronas.

- En los procesos de enseñanza-aprendizaje, el tutor puede asumir diferentes roles: activo, proactivo y reactivo.

- En la formación en línea, las funciones del tutor se dividen en técnicas, académicas, orientadoras, organizativas y sociales. Los tutores virtuales deben tener competencias pedagógicas, técnicas y organizativas.

AUTOEVALUACIÓN

1.1. ¿Qué modalidad formativa es considerada la más interactiva?

A) Presencial.

B) A distancia/*online*.

C) Mixta.

1.2. ¿Qué modalidad formativa también es conocida como *Blended Learning* o *B-Learning*)?

A) Presencial.

B) A distancia/*online*.

C) Mixta.

1.3. Las estrategias habituales utilizadas por cada persona para procesar, organizar, comprender y retener la información, se denominan...

A) Aprendizaje autónomo.

B) Estilos de aprendizaje.

C) Estilos de enseñanza.

1.4. ¿Qué estilo de aprendizaje se caracteriza por la necesidad de comprobar la utilidad y aplicación práctica de las teorías?

A) Activo.

B) Pragmático.

C) Reflexivo.

1.5. Las personas cuyo estilo de aprendizaje es predominantemente reflexivo se caracterizan por...

A) Analizar detenidamente la información antes de extraer conclusiones.

B) La tendencia a pensar de manera lógica y secuencial.

C) Involucrarse directamente en nuevas experiencias, teniendo preferencia por las situaciones nuevas que suponen un reto.

1.6. ¿Cuál de las siguientes herramientas de comunicación *online* es síncrona?

A) Foro.

B) Mensajería.

C) Chat.

1.7. Señala la opción correcta en cuanto a las herramientas de comunicación *online* síncronas:

A) Son herramientas de comunicación en tiempo real.

B) No requieren coincidencia temporal.

C) Son poco frecuentes en las plataformas de *e-learning*.

1.8. ¿Qué rol adopta un tutor cuando se adelanta a las necesidades del alumnado y propone nuevas actuaciones en previsión a lo que pueda acontecer durante el desarrollo del proceso formativo?

A) Reactivo.

B) Activo.

C) Proactivo.

1.9. ¿Qué función cumple el tutor virtual cuando se asegura de que todos los alumnos conocen y comprenden el funcionamiento de la plataforma de teleformación?

A) Técnica.

B) Organizativa.

C) Orientadora.

1.10. El diseño de tareas individualizadas para el autoaprendizaje es una tarea propia de la competencia...

A) Pedagógica.

B) Técnica.

C) Organizativa.

ACTIVIDADES DE APLICACIÓN

ACTIVIDAD 1.1

Indica con qué tipo de formación (*online* o presencial) se corresponden cada una de las siguientes características:

- Los profesores determinan cuándo y cómo los estudiantes recibirán los materiales formativos.
- Permite que los estudiantes vayan a su propio ritmo de aprendizaje.
- La enseñanza se desarrolla de forma preferentemente grupal.
- Tiende a un modelo lineal de comunicación.
- Es una formación basada en el concepto de formación en el momento en que se necesita (*just-in-time training*).
- Es flexible.
- Parte de una base de conocimiento y el estudiante debe ajustarse a ella.

Formación en línea	Formación presencial

ACTIVIDAD 1.2

Completa el siguiente esquema sobre los tipos de tutorías:

ACTIVIDAD 1.3

Indica para qué estilo de aprendizaje son menos apropiadas las siguientes actividades:

– Actividades en las que se pone énfasis en las emociones.

– Actividades en las que se debe analizar un tema
   sin aplicación práctica o utilidad aparente.

– Actividades en las que se les exige actuar con rapidez sin preparación previa y con instrucciones parciales o incompletas.

– Actividades en las que se les exige observar y no participar para analizar diferentes datos.

Estilo de aprendizaje activo	
Estilo de aprendizaje pragmático	
Estilo de aprendizaje reflexivo	
Estilo de aprendizaje teórico	

ACTIVIDAD 1.4

Redacta un mensaje para convocar a los alumnos de un curso a una sesión de chat, con el objetivo de resolver sus dudas acerca de la Unidad 1.

CASO PRÁCTICO

Estrategias de enseñanza-aprendizaje para diferentes estilos de aprendizaje

Contexto:

Eres el tutor/a de un curso de Formación para el Empleo en el área de Desarrollo de Habilidades de liderazgo. Tu grupo de estudiantes está compuesto por perfiles variados, algunos con un estilo de aprendizaje teórico, mientras que otros prefieren enfoques más pragmáticos y aplicados en su aprendizaje.

Situación:

En la segunda semana del curso, te das cuenta de que hay diferencias notables en la forma en que algunos estudiantes prefieren abordar el aprendizaje. Algunos se sienten más cómodos con teorías y conceptos abstractos, mientras que otros muestran un interés particular por la aplicación práctica de lo aprendido. Tu objetivo es diseñar estrategias de enseñanza que satisfagan las necesidades de ambos grupos.

Actividades que se van a realizar:

- Diseña una encuesta diagnóstica para identificar a los estudiantes que tienden hacia un estilo de aprendizaje teórico y a aquellos que muestran preferencias pragmáticas.

- Diseña el índice de un tema para estudiantes con estilo de aprendizaje teórico y rediseña el mismo índice adaptándolo al alumnado con un estilo pragmático.

  — Por ejemplo:

    • Teórico: Definición del liderazgo participativo. Tipos y características.

    • Pragmático: ¿Qué comportamientos puedo poner en marcha para actuar como un líder participativo?

- Diseña un ejercicio práctico adaptado al estilo de aprendizaje teórico y otro al estilo pragmático.

  — Para los estudiantes con un estilo pragmático, desarrolla una actividad práctica que les permita aplicar directamente los conceptos aprendidos. Pueden ser estudios de caso, simulaciones, proyectos prácticos o ejercicios basados en la resolución de problemas reales.

  — Para los estudiantes con un estilo teórico, diseña una actividad que incluya conceptos clave, teorías fundamentales y ejemplos abstractos. Considera el uso de lecturas, presentaciones visuales y debates teóricos.

GLOSARIO

- **Aprendizaje autónomo:** proceso en el cual los estudiantes asumen la responsabilidad principal de su propio aprendizaje, dirigiendo y controlando activamente el proceso sin depender exclusivamente de la enseñanza directa. En este enfoque, los alumnos toman la iniciativa para establecer metas de aprendizaje, seleccionar recursos, planificar su tiempo de estudio y evaluar su propio progreso.

- *Blended Learning* o *B-Learning:* también conocido como aprendizaje mixto, es una metodología formativa que combina métodos de enseñanza presenciales con actividades y recursos en línea. En un entorno de *Blended Learning,* los estudiantes participan tanto en sesiones presenciales como en experiencias de aprendizaje a través de plataformas *e-learning.*

- **Entorno virtual de aprendizaje (EVA):** espacio digital diseñado para facilitar y enriquecer procesos de enseñanza-aprendizaje. Estos entornos aprovechan la tecnología de la información y la comunicación para ofrecer a estudiantes y docentes herramientas interactivas, recursos multimedia y posibilidades de interacción en línea.

- **Estilos de aprendizaje:** preferencias individuales y formas características en las que las personas abordan el proceso de aprendizaje. Estos estilos implican las diferentes maneras en que los estudiantes perciben, procesan, organizan y retienen la información.

- **Hipertextual:** modo de organizar y presentar información de manera no lineal, permitiendo a los usuarios acceder a diferentes partes de un contenido de manera no secuencial. En un sistema hipertextual, los usuarios pueden hacer clic en enlaces o palabras clave dentro de un contenido para ser dirigidos a otra sección del mismo.

- **Multimedia:** se refiere a la combinación y presentación integrada de diferentes formas de medios, como texto, imágenes, sonido, video y gráficos, en un formato digital interactivo.

- *Netiquette:* es un término que deriva de la combinación de las palabras *net* (red) y *etiquette* (etiqueta). Se refiere a las normas de etiqueta y comportamiento que deben seguirse al participar en espacios virtuales para fomentar la comunicación respetuosa, efectiva y positiva.

- **Protocolo HTTP** *(Hypertext Transfer Protocol):* es un protocolo de aplicación utilizado para la transferencia de información en internet. Se basa en el modelo de solicitud y respuesta, donde un cliente (generalmente un navegador web) envía solicitudes a un servidor web para obtener recursos (como páginas web o archivos) y el servidor responde con la información solicitada. HTTP opera sobre TCP, lo que garantiza una transmisión de datos fiable.

- **Protocolo TCP** *(Transmission Control Protocol)*: es un protocolo de comunicación cuya función principal es proporcionar una comunicación fiable y orientada a la conexión entre dos dispositivos en una red.

- **Sistemas** *wikis:* plataformas colaborativas en línea que permiten la creación, edición y revisión de contenidos de manera colectiva. La característica distintiva de una *wiki* es la capacidad de que múltiples personas contribuyan y modifiquen el contenido de manera sencilla, sin requerir habilidades técnicas avanzadas.

MAPA CONCEPTUAL

CARACTERÍSTICAS DE LAS ACCIONES TUTORIALES EN FORMACIÓN PROFESIONAL PARA EL EMPLEO

MODALIDADES DE FORMACIÓN

- Presencial
- A distancia/*online*
- Mixta

ESTRATEGIAS Y ESTILOS DE TUTORÍA

- Según su función:
  · Función orientadora
  · Función didáctica
- Según los destinatarios:
  · Grupal
  · Individual
- Según su forma:
  · Presencial
    (individual o grupal)
  · No presencial
    (síncrona o asíncrona)

ESTILOS DE APRENDIZAJE / ESTILOS DE ENSEÑANZA

- Estilo activo
- Estilo pragmático
- Estilo reflexivo
- Estilo teórico

2. Desarrollo de la acción tutorial

Contenido

En el proceso de tutorización pueden distinguirse cuatro grandes fases:

A. FASE DE PREPARACIÓN

El correcto desarrollo de la acción tutorial implica la preparación previa al inicio de la acción formativa. Es aconsejable que, antes del comienzo del curso, los tutores dispongan de:

- Listado de los participantes en el curso: datos personales, datos de contacto, situación laboral, nivel formativo, profesión, etcétera.

- Plan de trabajo del curso.

- Plan de acción tutorial.

- Fichas de seguimiento.

- Material didáctico o recursos que se utilizarán en el desarrollo de la acción formativa.

B. FASE DE INICIO

Son aquellas acciones tutoriales que se desarrollan en los primeros momentos del curso. Generalmente, se trata de sesiones de presentación y bienvenida de carácter grupal, en la que el tutor expone al alumnado:

- Presentación del tutor/docente y la entidad de formación.

- Objetivos del curso.

- Contenidos que se van a impartir o tratar.

- Resultados esperados.

- Temporalización/calendario.

- Sistema de evaluación.

- Orientaciones generales sobre cómo afrontar el proceso de enseñanza-aprendizaje.

- Presentación del alumnado.

En esta fase de inicio, el tutor también debe explorar el grado de motivación del alumnado, sus intereses y expectativas respecto al curso para poder ajustar la acción tutorial a las características de los participantes.

Otra de las acciones tutoriales que pueden desarrollarse en esta fase de inicio es la realización de una prueba inicial o de diagnóstico, para valorar los conocimientos previos de los alumnos acerca de los contenidos que se impartirán en la acción formativa. La información obtenida de estas pruebas permite al tutor planificar sus estrategias en el desarrollo de las tutorías.

En esta fase inicial, podrán realizarse sesiones individualizadas de tutoría con aquellos alumnos que el tutor estime oportuno.

C. FASE DE DESARROLLO

La fase de desarrollo es la etapa más larga de la acción formativa y en ella el tutor desempeña sus funciones de orientación, motivación, resolución de dudas, evaluación, control del proceso, etcétera.

Durante esta fase, se pueden realizar diferentes sesiones de tutoría para facilitar el proceso de aprendizaje del alumnado, tanto reuniones individualizadas como grupales.

D. FASE DE CIERRE

En la fase de cierre, las acciones tutoriales pueden ser de dos tipos:

- Sesión grupal final:

    Consiste en una sesión grupal en la que se recapitula lo acontecido durante el curso, haciendo un repaso acerca de:

    - Objetivos alcanzados por el grupo.

    - Progresos realizados.

    - Valoraciones generales sobre la acción formativa.

    - Evaluación del grado de satisfacción del alumnado (con el curso, los tutores, la organización, entre otros).

- Sesiones finales individuales:

    Es importante realizar una sesión final con cada alumno para valorar de manera personalizada su evolución y resultados en el curso. En estas sesiones, el tutor da *feedback* al alumno sobre su rendimiento, asesorándole sobre acciones futuras o pautas para continuar con su desarrollo personal y/o profesional.

    En estas sesiones, es muy importante hacer ver al alumno cuáles han sido sus principales logros, teniendo en cuenta su situación de partida. No solo se trata de comunicarle al alumno si el resultado de la evaluación final es «apto» o «no apto», sino de exponerle detenidamente qué objetivos ha alcanzado totalmente y cuáles parcialmente, motivándole a continuar desarrollándose profesionalmente.

2.1. Características del alumnado

Las acciones formativas deben ser diseñadas y planificadas teniendo en cuenta no solo los aspectos relativos a la materia que se imparte, sino también las características de los alumnos potenciales. Esto implica identificar y analizar los requisitos de conocimiento previo que debe poseer el alumnado. Con frecuencia, las acciones formativas pertenecientes al subsistema de formación profesional para el empleo se componen de participantes con un perfil relativamente homogéneo. Esto es debido a que estas acciones formativas establecen unos requisitos de acceso relativos al nivel formativo o de cualificación, situación laboral (trabajador en activo o desempleado) y otros requerimientos que homogenizan las características del alumnado.

Para desarrollar la acción tutorial de manera adecuada y atender las necesidades del alumnado de la mejor manera posible es importante conocer el perfil de los participantes: edad, situación familiar y laboral, nivel formativo, intereses, motivación, expectativas, etcétera.

En el caso de la formación presencial, los participantes suelen caracterizarse por:

- Presentar características homogéneas en cuanto al lugar de residencia y contexto socioeconómico.

- El tiempo que dedican a la formación se estructura de acuerdo a un estándar.

- Prefieren adoptar, generalmente, el rol tradicional de alumno (frente al papel activo y central de los alumnos que participan en modalidad *e-learning*).

- No es necesario que estén familiarizados con las TIC (tecnologías de la información y comunicación).

- Muestran preferencia por trabajar en grupo (frente al trabajo individual y autónomo de los participantes de la formación en línea).

2.2. Temporalización de la acción tutorial

Las acciones formativas pertenecientes al subsistema de formación profesional para el empleo tienen una estructura de contenidos que impartir predeterminada (división del contenido en módulos o unidades formativas). Igualmente, la duración de cada módulo o unidad (expresada en número de horas) también viene prefijada.

Esto no implica que los tutores no deban realizar una temporalización de la acción tutorial, ya que cada tutor debe establecer una distribución del tiempo que se dedicará a su desarrollo, considerando para ello diferentes criterios como:

volumen de contenidos, conocimientos previos, grado de dificultad, distribución de teoría y práctica, importancia del módulo o unidad en el curso, etcétera.

Para cada unidad, el tutor debe establecer las fechas de inicio y finalización, así como las fechas o plazos estimados para la realización de las diferentes acciones tutoriales (actividades, evaluaciones, tutorías, realización y entrega de trabajos individuales y colaborativos, desarrollo de contenidos, entre otras).

La temporalización de las acciones tutoriales suele representarse gráficamente mediante un cronograma, que facilitará el seguimiento del plan de trabajo establecido.

Cómo distribuir el tiempo en una sesión formativa

Con frecuencia, realizar el cálculo del tiempo que va a emplear en desarrollar las actividades previstas en una sesión formativa es una tarea compleja. Para calcular la temporalización de las acciones tutoriales, hay que tener en cuenta una serie de aspectos como:

— Número de horas disponibles para la sesión formativa.

— Número de actividades que se van a realizar (tareas, desarrollo de contenidos, acciones tutoriales diversas, etcétera).

— Importancia o peso específico de cada actividad.

— Tener en cuenta los tiempos de imprevistos en el desarrollo de la sesión formativa (como charlas que surjan o descansos).

A continuación se presenta una propuesta para realizar la temporalización de una sesión formativa:

1) Agrupar los bloques de contenidos que se van a tratar y/o actividades que se van a realizar.

2) Determinar el peso específico o grado de importancia de cada contenido y/o actividad que se va a realizar. Para ello, asignar un número correlativo a cada punto por orden de importancia (el 1 sería el punto menos importante).

3) Del número total de horas de la sesión (unidad, módulo o curso), restar un pequeño porcentaje para imprevistos (descansos, posibles debates que puedan surgir, incidencias, etc.). Este porcentaje puede ser del 5-10 % del total de la sesión.

4) Distribuir el tiempo de la siguiente manera:

$$N^o \text{ horas sesión (menos imprevistos)} \times \frac{\text{Peso específico (}n^o\text{ asignado según su importancia)}}{\text{Suma total de números de importancia}}$$

Ejemplo de temporalización de una sesión de cuatro horas:

1. Agrupar los bloques de contenidos que se van a tratar:
   a) Presentación de la sesión y exposición de objetivos.
   b) Desarrollo.
   c) Actividad de grupo.
   d) Exposición de la actividad.
   e) Síntesis y conclusiones.
   f) Cierre de la sesión.

2. Determinar el peso específico (grado de importancia) de cada contenido y/o actividad que se va a realizar (1 corresponde al punto de menos importancia y 6 al de más importancia):
   a) Presentación de la sesión y exposición de objetivos = 2
   b) Desarrollo = 6
   c) Actividad de grupo = 5
   d) Exposición de la actividad = 4
   e) Síntesis y conclusiones = 3
   f) Cierre de la sesión = 1

3. Restar un porcentaje para imprevistos:

   5 % de 4 horas (240 minutos) = 12 minutos

4. Distribuir el tiempo de cada punto:

Fase a = $228 \times \dfrac{2}{21} = 22$ minutos	Fase d = $228 \times \dfrac{4}{21} = 43$ minutos
Fase b = $228 \times \dfrac{6}{21} = 65$ minutos	Fase e = $228 \times \dfrac{3}{21} = 33$ minutos
Fase c = $228 \times \dfrac{5}{21} = 54$ minutos	Fase f = $228 \times \dfrac{1}{21} = 11$ minutos

   a) Presentación de la sesión y exposición de objetivos = 22 minutos
   b) Desarrollo = 65 minutos
   c) Actividad de grupo = 54 minutos
   d) Exposición de la actividad = 43 minutos
   e) Síntesis y conclusiones = 33 minutos
   f) Cierre de la sesión = 11 minutos

2.3. Realización de cronogramas

Para planificar las acciones tutoriales, se recomienda la elaboración de un cronograma en el que se detallen los elementos relativos a las acciones tutoriales asociadas a cada unidad o módulo formativo, así como sus respectivas fechas de inicio y finalización. Existen multitud de programas informáticos que permiten la elaboración de cronogramas en los que visualizar de manera rápida las actuaciones que se van a realizar y los plazos previstos.

Un ejemplo básico de cronograma es:

CRONOGRAMA DE ACCIONES TUTORIALES																
Actividades tutoriales	Febrero				Marzo				Abril				Mayo			
	Semanas															
	1	2	3	4	5	6	7	8	9	10	11	12	13	14	15	16
1.	■															
2.		■														
3.				■												
4.						■										
6.							■									
7.									■							
8.										■						
9.												■				
10.													■	■	■	■
…																

El calendario de la acción formativa es una herramienta clave para la organización del curso, tanto en el ámbito administrativo como en el didáctico y tutorial. La información básica que debe recoger el calendario del curso es:

− Fechas de inicio y finalización de la acción formativa.

− Plazos y fechas estimadas de realización de los trabajos y actividades, tanto individuales como grupales.

− Fechas de entrega de los trabajos y actividades.

− Fechas de realización de las diferentes pruebas de evaluación.

− Fechas previstas de las acciones tutoriales, tanto individuales como grupales.

2.4. Diseño de un plan de actuación individualizado

Algunas acciones tutoriales van destinadas al grupo de alumnos en su conjunto, tratando los diversos temas y desarrollando las actuaciones previstas de manera colectiva. Sin embargo, también es necesario poner en marcha acciones tutoriales individualizadas con los alumnos.

El plan de actuación individualizado se diseñará teniendo en consideración las características, necesidades y demandas de cada alumno. De esta manera, se ofrece a los participantes en la acción formativa un trato personalizado, con el objetivo de facilitar su aprendizaje, orientarle, asesorarle y proponer las estrategias adecuadas para conseguir los mejores resultados posibles en el proceso de enseñanza-aprendizaje.

El plan de actuación individualizado puede incluir elementos como:

– Actividades de recepción y acogida personalizadas.

– Actividades de intervención sobre las dificultades que puedan aparecer a lo largo de la formación, tanto a demanda del propio alumno, como sugeridas por el tutor (sesiones de apoyo, resolución de dudas, facilitación de información y/o recursos complementarios, por ejemplo).

– Actividades relacionadas con la evaluación (actividades individualizadas de preevaluación y postevaluación).

– Actividades relacionadas con la orientación laboral y profesional de los alumnos (actividades de asesoramiento y orientación sobre las posibilidades personales de cada alumno, sus potencialidades, las opciones formativas y laborales, etcétera).

– Sesiones de seguimiento individualizado para valorar el progreso del alumno y facilitarse *feedback* sobre su evolución y el cumplimiento de los objetivos establecidos.

RESUMEN

– En el proceso de tutorización pueden distinguirse cuatro grandes fases: preparación, inicio, desarrollo y cierre. Cada una de estas etapas está compuesta por diferentes acciones tutoriales.

– Las acciones formativas deben ser diseñadas y planificadas teniendo en cuenta no solo los aspectos relativos a la materia que se imparte, sino también las características de los alumnos potenciales.

– Para desarrollar la acción tutorial de manera adecuada y atender las necesidades del alumnado de la mejor manera posible es importante conocer el perfil de los participantes: edad, situación familiar y laboral, nivel formativo, etcétera.

– Para cada unidad, el tutor debe establecer las fechas de inicio y finalización, así como las fechas o plazos estimados para la realización de las diferentes acciones tutoriales. La temporalización de las acciones tutoriales suele representarse gráficamente mediante un cronograma, que facilitará el seguimiento del plan de trabajo establecido.

– Algunas acciones tutoriales van destinadas al grupo de alumnos en su conjunto, tratando los diversos temas y desarrollando las actuaciones previstas de manera colectiva. Sin embargo, también es necesario poner en marcha acciones tutoriales individualizadas con los alumnos.

AUTOEVALUACIÓN

2.1. ¿En qué fase de la acción tutorial el tutor debe presentarse a sus alumnos?

A) Fase de preparación.

B) Fase de inicio.

C) Fase de desarrollo.

2.2. ¿En qué fase de la acción tutorial se debe explorar el grado de motivación del alumnado, sus intereses y expectativas respecto al curso?

A) Fase de preparación.

B) Fase de inicio.

C) Fase de desarrollo.

2.3. En las sesiones finales grupales, el tutor...

A) Recapitula lo acontecido durante el curso.

B) Da *feedback* a cada alumno sobre su rendimiento.

C) Valora de manera personalizada la evolución de cada participante.

2.4. Los alumnos participantes en acciones formativas presenciales...

A) Muestran preferencia por trabajar individual.

B) Deben estar familiarizados con las TIC (tecnologías de la información y comunicación).

C) Prefieren adoptar el rol tradicional de alumno.

2.5. Señala la opción correcta en cuanto a la temporalización de las acciones formativas:

A) Los conocimientos previos y el grado de dificultad de la materia son criterios a tener en cuenta en la temporalización del curso.

B) La importancia de cada módulo o unidad no tiene relevancia a la hora de realizar la temporalización del curso.

C) Los tutores no realizan la temporalización de los cursos de Formación Profesional para el Empleo, ya que estos tienen una estructura de contenidos y duración predeterminada.

ACTIVIDADES DE APLICACIÓN

ACTIVIDAD 2.1

Realiza un cronograma para el desarrollo de las siguientes acciones tutoriales:

- 03/abril: Sesión grupal de presentación.
- 04/abril: Inicio del módulo 1.
- 17/abril: Propuesta de actividades.
- 20/abril: Tutoría grupal de seguimiento.
- 23/abril: Entrega de actividades.
- 27-29/abril: Tutorías individualizadas (entrega evaluaciones).
- 30/abril: Sesión grupal para comunicar resultados generales del módulo 1.

ACTIVIDAD 2.2.

Realiza una temporalización para una sesión formativa con una duración de seis horas y cuyos contenidos han sido valorados de la siguiente manera (según su importancia o peso específico):

Contenido	Importancia asignada	Duración
a. Presentación, objetivos y explicación de la actividad	1	_____ minutos
b. Desarrollo de la actividad	2	_____ minutos
c. Debate de resultados	4	_____ minutos
d. Síntesis de conclusiones	3	_____ minutos

CASO PRÁCTICO

Establecimiento de cauces de información y seguimiento del progreso del alumnado

Contexto:

Eres el tutor/a de un curso de Formación para el Empleo en el sector de marketing digital. El curso tiene una duración de diez semanas y está diseñado para capacitar a los estudiantes en las últimas tendencias y herramientas del marketing digital. El grupo cuenta con una mezcla de estudiantes con experiencia previa en marketing y algunos principiantes.

Situación:

Al inicio del curso, deseas implementar un sistema efectivo para informar periódicamente al alumnado sobre su progreso y, al mismo tiempo, ofrecer retroalimentación para reforzar o reconducir su aprendizaje según sea necesario. Tu objetivo es que los estudiantes se sientan motivados y comprometidos con su propio desarrollo, y que tengan claro cómo pueden mejorar.

Actividades que se van a realizar: presenta un plan de acción tutorial que incluya:

* Identificación de indicadores de progreso:
    — Identifica los indicadores clave de progreso que serán relevantes para evaluar el desempeño de los estudiantes en el curso.
    — Puede incluir tareas completadas, participación en actividades, resultados de evaluaciones, etcétera.

* Diseño de mecanismos de información:
    — Diseña un sistema claro para informar periódicamente a los estudiantes sobre su progreso.
    — Puedes considerar la creación de informes semanales, tableros virtuales o cualquier otro medio que facilite la comprensión del avance individual.

* Establecimiento de cauces de comunicación:
    — Define canales de comunicación efectivos para compartir información sobre el progreso. Pueden ser reuniones individuales, correos electrónicos semanales o el uso de plataformas en línea donde los estudiantes puedan acceder a sus datos de manera fácil.

- Implementación de sesiones de retroalimentación:

  — Programa sesiones regulares de retroalimentación individual o grupal, donde puedas discutir el progreso de cada estudiante.

- Desarrollo de estrategias de reforzamiento:

  — Identifica qué recursos adicionales, sugerencias de estudio o actividades complementarias puedes proporcionar para aquellos estudiantes que necesiten reforzar ciertos conceptos o habilidades.

- Fomento de la autorreflexión:

  — Define estrategias para solicitar a los estudiantes que evalúen su propio progreso y establezcan metas personales para las próximas semanas.

GLOSARIO

- **Acción tutorial:** proceso de acompañamiento y orientación que tiene como objetivo facilitar el desarrollo integral del estudiante.

- **Bloque de contenido:** unidad o sección identificable de información o contenido formativo que se aborda de manera específica en un plan de estudios o programa de formación. Estos bloques suelen diseñarse basándose en un tema o concepto central y se organizan de manera coherente para facilitar la enseñanza y el aprendizaje. Generalmente, los bloques de contenido en formación para el empleo se definen como unidad formativa y módulo formativo.

- **Cronograma:** representación gráfica que organiza y presenta las actividades, tareas o eventos a lo largo del tiempo. Se utiliza para visualizar y programar la secuencia de actividades en una línea de tiempo.

- *Feedback:* también conocido como retroalimentación, se refiere a la información que se proporciona a una persona sobre su desempeño o resultados con el objetivo de mejorar o ajustar su comportamiento, habilidades o trabajo.

- **Gestión del tiempo:** habilidades y estrategias para organizar y utilizar eficientemente el tiempo de estudio.

- **Materiales didácticos:** recursos educativos utilizados para facilitar el aprendizaje, como presentaciones, vídeos, lecturas, entre otros.

- **Módulo formativo:** bloque de contenido más amplio y completo que agrupa varias unidades formativas relacionadas entre sí. Los módulos formativos a menudo tienen objetivos de aprendizaje más amplios y abordan temas más generales en comparación con las unidades formativas. Pueden estructurarse de manera que representen una parte significativa de un curso o programa de formación.

- **Sesión formativa:** periodo concreto de enseñanza organizado con el propósito de impartir conocimientos, habilidades o información específica a un grupo de participantes.

- **Unidad formativa:** bloque de contenido más específico que un módulo formativo. Puede considerarse como un segmento o subsección que se enfoca en un tema o conjunto de habilidades particulares dentro de un área más amplia de estudio. Por lo general, las unidades formativas tienen objetivos de aprendizaje específicos y se utilizan para dividir un módulo en secciones más manejables y enfocadas.

MAPA CONCEPTUAL

DESARROLLO DE LA ACCIÓN TUTORIAL

FASES DE LA TUTORIZACIÓN

- Preparación
- Inicio
- Desarrollo
- Cierre (individual o grupal)

TEMPORALIZACIÓN Y CRONOGRAMA

- Fechas de inicio y fin de la acción formativa.
- Plazos y fechas estimadas de realización y entrega de los trabajos y actividades.
- Fechas de realización de las pruebas de evaluación.
- Fechas previstas de las acciones tutoriales, tanto individuales como grupales.

PLAN DE ACTUACIÓN INDIVIDUALIZADO

- Actividades de recepción y acogida.
- Actividades de intervención sobre posibles dificultades (sesiones de apoyo, resolución de dudas, información y/o recursos complementarios, etcétera).
- Actividades relacionadas con la evaluación (preevaluación y postevaluación).
- Actividades relacionadas con la orientación laboral.
- Sesiones de seguimiento individualizado para valorar el progreso y dar *feedback*.

3. Desarrollo de la acción tutorial en línea

Contenido

En una acción formativa en línea, el proceso de tutorización consta de las siguientes fases generales:

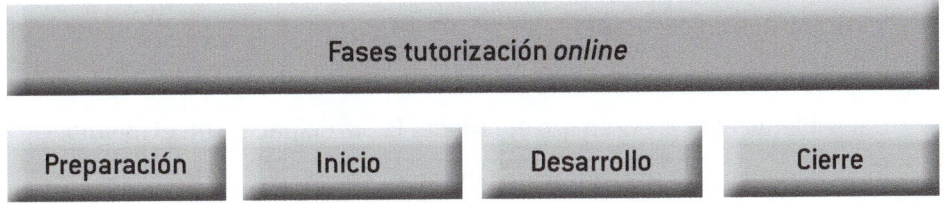

Fases tutorización *online*

Preparación   Inicio   Desarrollo   Cierre

A. FASE DE PREPARACIÓN

Al igual que en el caso de la formación presencial, la fase de preparación de una acción formativa en línea implica que el tutor disponga con suficiente antelación de información relativa a:

- Listado de los participantes en el curso: datos personales, datos de contacto, situación laboral, nivel formativo, profesión, etcétera.

- Plan de trabajo del curso.

- Plan de acción tutorial.

- Guía de navegación del aula virtual.

- Material didáctico o recursos que se utilizarán en el desarrollo de la acción formativa.

Generalmente, los coordinadores o responsables de la acción formativa habilitarán las claves de acceso del tutor a la plataforma de *e-learning* con unos días de antelación para que este pueda revisar dicha información y familiarizarse con el manejo del aula virtual.

Las entidades de formación suelen poner a disposición de los tutores un manual o guía del tutor en el que se explica el funcionamiento de la plataforma y sus funcionalidades, las funciones y responsabilidades del tutor, las vías de comunicación con el centro y otros aspectos relevantes referidos a la acción formativa.

En esta fase de preparación, se debe revisar que todos los alumnos que van a realizar el curso se encuentran efectivamente matriculados en el mismo y han recibido sus claves de acceso al aula virtual.

B. FASE DE INICIO

Al comienzo de la acción formativa en línea, el tutor deberá realizar diferentes actividades, siendo las más habituales:

b.1. Bienvenida y presentación del tutor/es

Supone el primer contacto entre el tutor y los alumnos en el curso. Generalmente, se realiza a través de mensajería (enviando un mensaje grupal a todos los participantes en el curso).

Algunas características del mensaje presentación del tutor son:

– Dar la bienvenida al curso y/o agradecer la participación en el mismo.

– Realizar una breve presentación personal.

– Señalar los objetivos principales del curso.

– Explicar brevemente la metodología que se va a seguir (se recomienda adjuntar documentos como la Guía didáctica, Plan de trabajo o Guía de navegación del aula virtual).

– Informar sobre la apertura del foro de Presentación y bienvenida, animando al alumno a participar en el mismo.

– Señalar las vías de contacto y comunicación con el tutor.

Ejemplo de mensaje de bienvenida del tutor

Estimado/a alumno/a:

Le damos la bienvenida al curso Gestión del tiempo, recursos e instalaciones del asistente a la dirección, el cual se desarrollará en modalidad de teleformación.

Mi nombre es (nombre y apellidos) y soy el tutor del curso, con el cual se pretenden alcanzar los objetivos generales:

– Aplicar y utilizar criterios de eficiencia y optimización en la organización de recursos e instalaciones.

– Aplicar los métodos y técnicas de gestión del tiempo a través de las herramientas idóneas en procesos de organización de agenda.

– Utilizar aplicaciones informáticas de gestión del tiempo.

Te adjunto los documentos: Guía didáctica y Guía de navegación del aula virtual, en los cuales se explica la metodología que se va a seguir durante el curso (secuencia de estudio y planificación) y el funcionamiento de la plataforma. Estos documentos también los tienes disponibles en el área de Recursos/Descargas.

Para que puedas conocer al resto de los compañeros, he habilitado un foro llamado Presentación y bienvenida. Te animo a que accedas a él y te presentes para que podamos conocer un poco más de ti.

Para contactar conmigo, puedes hacer uso de las herramientas de comunicación disponibles en el aula virtual: foro, chat y mensajería.

Un saludo,

Nombre y apellidos.

---

b.2. Presentación del alumnado

El tutor debe abrir un tema en el foro de Presentación y bienvenida para crear un espacio donde los alumnos se presenten y conozcan entre sí. Habitualmente, el lenguaje utilizado en los foros es menos formal y más cercano que el utilizado en las comunicaciones enviadas a través de mensajería, con el objetivo de fomentar la participación de los alumnos. Este foro debe estar encabezado por un mensaje del tutor en el que se detalle qué información se espera que aporten los alumnos, como:

– Nombre y apellido.

– Lugar de procedencia y/o residencia.

– Motivaciones y expectativas respecto al curso.

– Profesión y/o formación.

– Experiencia previa en la materia sobre la que trata la acción formativa.

– Etcétera.

Ejemplo de mensaje de presentación en el foro

¡Hola a todos/as!

Hoy comenzamos el curso Gestión del tiempo, recursos e instalaciones del asistente a la dirección que tendrá una duración de un mes. Soy (nombre y apellidos), tutor del curso, y estaré encantado de resolver vuestras dudas, orientaros en vuestro aprendizaje y trabajar con vosotros para sacar el máximo provecho posible a esta acción formativa.

Para inaugurar el foro, os propongo que os presentéis al resto de los compañeros, comentándonos algunos datos como:

– *Nombre y apellido.*

– *Lugar de residencia.*

– *Profesión y formación.*

– *Expectativas sobre el curso.*

– *Etcétera.*

El foro será nuestra principal herramienta de comunicación, ¡esperamos vuestras presentaciones!

---

b.3. Indicaciones acerca de la prueba inicial o de diagnóstico

En el caso de que fuera a realizarse una prueba inicial o de diagnóstico para valorar los conocimientos previos del alumnado, el tutor deberá ofrecer información sobre dicha prueba (objetivo por el cual se realiza, tipo de prueba, cómo realizarla, etc.). Estas indicaciones pueden facilitarse mediante mensajería o abrir un tema en el foro, en el cual los alumnos puedan exponer sus dudas acerca de la prueba inicial.

b.4. Información general sobre el curso

En la fase de inicio de un curso de formación *online*, el tutor informará al alumnado sobre cuestiones generales del curso como:

- Plan de trabajo.

- Calendario.

- Recursos y materiales didácticos.

- Metodología recomendada de estudio.

- Sistema de evaluación.

Para ello, pueden utilizarse las diferentes herramientas de comunicación disponibles en el aula: mensajería, foro, chat, videoconferencia, etc. Es recomendable plasmar toda esta información en un documento e incorporarla al área de Recursos o Descargas del aula virtual.

C. FASE DE DESARROLLO

Al igual que en el caso de la formación presencial, la fase de desarrollo es la etapa más larga de las acciones formativas en línea. En esta etapa, el tutor desempeña sus funciones de orientación, motivación, resolución de dudas, evaluación, control del proceso, etc. Estas funciones son realizadas, fundamentalmente, a través de las herramientas de comunicación (síncronas y asíncronas) disponibles en la plataforma de *e-learning*.

Las comunicaciones entre el tutor y los alumnos en la fase de desarrollo pueden ser muy diversas y tener un carácter grupal o individual. Algunos ejemplos de comunicaciones son:

- Mensaje de inicio o introducción a un nuevo módulo o unidad formativa.

- Mensaje de finalización de un módulo o unidad formativa (recordatorio de plazos para realizar la evaluación, síntesis de las ideas principales del módulo, etcétera).

- Mensajes individualizados de seguimiento y orientación.

- Respuestas a dudas de manera individual (mensajería).

- Respuestas a dudas de manera grupal (foro, chat, FAQ...).

- Mensajes para fomentar la participación y/o motivación.

- Apertura de foros de debate.

- Mensajes para avisar de actualizaciones de contenidos.

- Mensajes para avisar de la inclusión de nuevos documentos o archivos en el área de Descargas/Recursos/Biblioteca.

- Convocatoria de sesiones de chat o videoconferencia.

- Coordinación de equipos de trabajo colaborativo.

- Etcétera.

D. FASE DE CIERRE

En la fase de cierre de una acción formativa en línea, el tutor deberá realizar dos tipos de actuaciones:

- Acciones tutoriales grupales:

  - Cierre de foros de debate (generalmente con una síntesis y la exposición de las principales conclusiones).

  - Aviso del cierre del curso (recomendándoles que se descarguen los documentos que les interesen antes del cierre de la plataforma).

  - Mensaje de despedida del curso y agradecimiento por la participación en el mismo (mensajería grupal).

  - Mensaje para animar a la cumplimentación del cuestionario de satisfacción a través de la plataforma (si procede).

- Acciones tutoriales individuales:

  - Aviso de la finalización del plazo para realizar las evaluaciones y/o actividades pendientes. Es importante avisar a cada alumno (con varios días de antelación al cierre del curso) de las actividades o evaluaciones que aún tiene pendientes y recordarle, en su caso, el carácter obligatorio de estas para finalizar el curso con éxito.

  - Envío de mensajes personalizados informando sobre los resultados obtenidos en el curso, los objetivos alcanzados, valoraciones globales, etcétera.

Acción tutorial de formación en línea

Los tutores virtuales disponen de diferentes tipos de herramientas para desempeñar sus funciones:

Herramientas didácticas y comunicativas	Herramientas evaluativas	Herramientas de gestión
• Foro • Chat • Videoconferencia • Audioconferencia • *Wikis* • Blogs • Otras	• Test/cuestionarios • Actividades colaborativas • Tareas individuales • Pruebas de autoevaluación • Datos de participación • Datos de conexión y dedicación	• Agenda • Calendario/cronograma • Plan de trabajo • Tablón de anuncios • Etcétera.

En términos generales, las actividades propias de la acción tutorial en línea pueden agruparse en cuatro categorías:

– Actividades de bienvenida y presentación.

– Actividades de seguimiento individualizado.

– Actividades de evaluación.

– Actividades de dinamización.

A. ACTIVIDADES DE BIENVENIDA Y PRESENTACIÓN

Al igual que en una acción formativa presencial, al inicio de la misma los participantes deben presentarse y realizar una breve sesión de bienvenida, favoreciendo la creación de un clima de colaboración y permitiendo que el tutor descubra las expectativas e intereses de los alumnos.

Habitualmente, las actividades de bienvenida y presentación se realizan a través del foro, abriendo un espacio en el que el tutor se presente a sí mismo y a la acción formativa, y anime a los alumnos a realizar una breve presentación (indicando algunos datos como su nombre, lugar de residencia, profesión, expectativas sobre el curso, etc.). También es habitual remitir el mismo correo de presentación a todos los alumnos a través de la mensajería del aula virtual.

Otra herramienta que puede utilizarse para las actividades de presentación es el chat (sesión de bienvenida), pero en este caso, al ser una herramienta de comunicación síncrona, es aconsejable planificar varias sesiones en diferentes horarios para garantizar que todos los alumnos puedan participar (la planificación de las distintas sesiones de chat puede comunicarse a los alumnos a través de correo/mensajería o en el foro).

B. ACTIVIDADES DE SEGUIMIENTO INDIVIDUALIZADO

Durante el desarrollo de la acción formativa, el tutor debe emprender actividades para llevar a cabo un seguimiento del progreso de los alumnos, verificando aspectos como: los objetivos alcanzados por cada alumno, nivel de aprendizaje, posibles incidencias en el desarrollo del proceso, motivación, modificaciones en la planificación prevista, etcétera.

Para realizar el seguimiento de cada alumno, el tutor puede consultar su expediente (pruebas realizadas y resultados, datos de conexión y tiempos de dedicación, datos de participación, etc.) y ponerse en contacto con el alumno para ofrecerle las orientaciones que estime oportunas.

Salvo algunas excepciones, las actividades de seguimiento deben llevarse a cabo de manera individualizada, por lo que se utilizarán herramientas de comunicación *online* como el correo/mensajería, o sesiones de chat y/o videoconferencia en las que solo participen el tutor y el alumno al que se está realizando el seguimiento.

C. ACTIVIDADES DE EVALUACIÓN

La acción tutorial también incluye actividades relativas a la evaluación del aprendizaje de los alumnos. Estas actividades permiten conocer el grado en el que cada alumno ha alcanzado los objetivos de aprendizaje propuestos al inicio de la acción formativa.

Los tutores planificarán al inicio del curso qué pruebas de evaluación se realizarán y en qué momento, diseñando un cronograma que recoja las fechas clave del proceso evaluativo.

Por otro lado, los tutores deben recordar a los alumnos los plazos previstos para realizar las pruebas de evaluación y resolver las dudas que estos puedan tener acerca de dichas actividades. Algunas de las dudas más frecuentes planteadas por los alumnos son: el tipo de prueba (ejercicio de desarrollo, prueba tipo test, elección múltiple, verdadero o falso, etc.), los criterios de evaluación, el porcentaje de respuestas correctas para superar la prueba, el tiempo de realización, etc. Para tratar temas generales acerca del sistema de evaluación, los tutores pueden hacer uso de herramientas como el foro, el correo o las FAQ (*Frequently Asked Questions* o preguntas de uso frecuente).

Algunas plataformas de *e-learning* permiten la automatización del envío de mensajes (correos y SMS) a los alumnos, recordando las fechas de evaluación previstas.

D. ACTIVIDADES DE DINAMIZACIÓN

Los tutores virtuales deben realizar actividades para fomentar la participación y motivación de todos los participantes de manera conjunta. Para ello, puede proponer actividades como: foros de debate de temas de interés relacionados con la temática del curso, actividades grupales de investigación, profundización y búsqueda de información, sesiones de chat o videoconferencia para tratar diversos temas (recapitulación de información, resolución de dudas, etc.), trabajos colaborativos entre los alumnos, etcétera.

3.1. Características del alumnado

El perfil del alumnado que participa en acciones formativas en línea presenta una serie de particularidades que le diferencian del alumno presencial. Generalmente, la mayor parte de alumnos que optan por esta modalidad formativa lo hacen porque no disponen de mucho tiempo (se encuentran trabajando y tienen necesidades formativas vinculadas a su desempeño profesional) o porque prefieren la flexibilidad horaria y geográfica que ofrece el *e-learning*.

Conocer las características del alumnado que participa en las acciones formativas en modalidad *e-learning* permite adecuar la tutorización a las mismas, mejorando significativamente los resultados obtenidos en el proceso de enseñanza-aprendizaje.

Las principales características distintivas y habilidades de este colectivo son:

– Experiencia previa en formación en línea y/o formación a distancia.

– Competencias técnicas y habilidades relacionadas con las TIC (tecnologías de la información y comunicación).

– Capacidad de trabajo y aprendizaje autónomo.

– Capacidad de planificación y organización.

– Motivación inicial hacia el estudio.

Por otro lado, es importante destacar que la aparición de la formación en línea ha supuesto un importante cambio en el rol de alumnado. El alumno ya no es considerado un simple receptor de información, sino que se sitúa en el centro del proceso de enseñanza-aprendizaje, adoptando un papel activo. Además, los grupos de participantes en los cursos en línea pueden ser muy heterogéneos, desapareciendo la figura del alumno «estándar» en lo que se refiere a estilos de aprendizaje, disponibilidad horaria, motivación, expectativas e intereses, etcétera.

3.2. Elaboración de la guía del curso

Desde el inicio de cualquier acción formativa *online*, es imprescindible que los participantes tengan a su disposición una guía del curso con toda la información relativa al mismo. Esta guía debe estar disponible para su consulta o descarga en la plataforma de teleformación. Es aconsejable enviar al alumnado un correo o mensaje al inicio del curso, indicándoles cómo acceder a la guía y animándoles a su consulta.

Los elementos básicos que debe incluir la guía del curso son:

- Presentación del curso:

  - Objetivos.

  - Metodología.

  - Temporalización/calendario (incluyendo las fechas de inicio y finalización, así como otras fechas importantes en el desarrollo del curso).

  - Profesorado (breve reseña de los docentes/tutores).

  - Estructura del curso:

    → Índice de unidades didácticas o módulos formativos.

    → Duración de cada unidad/módulo.

- Información sobre el acceso al curso y a la plataforma:

  - Acceso a los contenidos.

  - Acceso a las pruebas de evaluación, actividades y ejercicios complementarios.

  - Acceso a recursos multimedia, vídeos, otros documentos, etcétera.

  - Acceso a los espacios destinados para la realización de trabajos colaborativos.

  - Visualización de la agenda del curso y el calendario.

  - Acceso a las herramientas de comunicación.

  - Ayudas técnicas o vías de contacto para la resolución de incidencias técnicas.

- Tutorías/vías de contacto con el tutor:

  - Información sobre las herramientas de comunicación disponibles en la plataforma (chat, foro, mensajería, videoconferencia, etcétera).

  - Información sobre los tiempos de respuesta (generalmente, no deben superar las 24-48 horas).

  - Programación de las acciones tutoriales (sesiones de chat, videoconferencias, actividades, entre otras).

- Sistema de evaluación:

  - Metodología de evaluación.

  - Plazos y/o fechas para la realización de las pruebas de evaluación.

  - Criterios de evaluación.

3.3. Tareas y actividades, su evaluación y registro de calificaciones

Para conocer el nivel de aprendizaje alcanzado por cada alumno, pueden recogerse tres tipos de evidencias en las acciones formativas en línea:

A. DATOS SOBRE TAREAS Y ACTIVIDADES

Generalmente, los datos con mayor peso a la hora de valorar el rendimiento y progreso del alumnado son los referidos a las tareas y actividades realizadas. Las tareas y actividades propuestas por el docente/tutor pueden dividirse en dos grupos:

- Actividades de corrección automática: la plataforma de teleformación corrige y evalúa las tareas de manera automática, necesidad de que le tutor evalúe una a una todas las actividades. Previamente, se habrán definido los parámetros o criterios de evaluación, ya que las plataformas de *e-learning* permiten definir el sistema de calificaciones, el número de respuestas correctas para superar una tarea o prueba, etc. Generalmente se trata de actividades de autoevaluación o pruebas tipo test (opción múltiple, verdadero o falso, relacionar conceptos, ordenar elementos, etcétera).

- Actividades de desarrollo: este tipo de tareas requieren una corrección por parte del tutor. Algunas plataformas permiten incorporar los resultados de estas pruebas al expediente del alumno, mientras que, en otras ocasiones, será necesario llevar un control externo mediante hojas de registro.

B. DATOS DE PARTICIPACIÓN

Las plataformas de teleformación pueden medir la participación de cada alumno en una acción formativa, mediante el recuento del número de mensajes publicados en foros o enviados a través de correo, así como el número de sesiones de chat en las que ha participado activamente.

Esta información es de carácter cuantitativo, ya que no aporta datos sobre la calidad de las participaciones. Sin embargo, es de gran utilidad para detectar a los alumnos que no participan activamente en la acción formativa.

C. DATOS DE CONEXIÓN Y DEDICACIÓN

Estos datos se refieren al número de veces que un alumno se conecta a la plataforma de *e-learning* y el tiempo que permanece conectado. Algunos sistemas permiten conocer, además, el tiempo dedicado a cada área o elemento de la plataforma.

Este registro automático permite generar informes de gran utilidad sobre los tiempos de conexión y dedicación de cada alumno. Sin embargo, es necesario recordar que, en algunos casos, el alumno puede acceder al aula virtual y no realizar ninguna actividad o avanzar en el estudio del contenido y, en otras ocasiones, el alumno puede dedicar tiempo de estudio *offline*.

Registro de calificaciones

El registro de las calificaciones obtenidas por los alumnos es de gran importancia a la hora de evaluar su rendimiento y aprendizaje. En la mayor parte de los casos, las plataformas de teleformación registran de manera automática los resultados obtenidos por cada alumno en su expediente o área personal (pudiendo ser consultados por el tutor cuando lo desee).

Los principales instrumentos para registrar las calificaciones son:

- Fichas de control de entregas y correcciones: se trata de un listado (*checklist*) en el que aparecen reflejadas todas las actividades y tareas propuestas por el tutor. En esta ficha, aparecerá qué actividades ha entregado el alumno, en qué fecha y cuál es la calificación obtenida.

- Expediente o ficha de seguimiento individual: se trata de una herramienta en la que el tutor puede anotar todos los aspectos relevantes relacionados con cada alumno (participación, motivación, incidencias, progreso, observaciones, entre otros).

- Porfolio o carpeta de trabajo: los tutores deben tener acceso en todo momento a todas las actividades y tareas realizadas por los alumnos a lo largo de la acción formativa. Algunas plataformas permiten guardar los trabajos entregados en el sistema, mientras que en otros casos será necesario recopilarlos en el ordenador del tutor (carpetas para cada alumno).

3.4. Responsabilidades administrativas del tutor

Además de las funciones habituales que desempeñan los tutores virtuales, estos también pueden llevar a cabo algunas labores administrativas relacionadas con el proceso formativo. Las principales responsabilidades administrativas del tutor *online* pueden ser:

- Selección y matriculación de alumnos.

- Control y gestión de los tiempos de participación en las diferentes herramientas interactivas (conferencias, foros, listas, etcétera).

- Actualización de los recursos didácticos y tecnológicos del curso, así como de la información sobre los participantes, materiales, actividades, entre otros.

- Control de la temporalización y cronograma del curso.

- Gestión de incidencias.

- Creación de agendas.

- Información sobre procedimientos y plazos.

- Organización y coordinación de las actividades grupales.

- Realización de informes.

3.5. Elaboración de videotutoriales con herramientas de diseño sencillas

La incorporación de diferentes recursos multimedia en el proceso de enseñanza-aprendizaje es clave para facilitar la asimilación de nuevos contenidos y/o la adquisición de competencias. Entre estos recursos multimedia, destacan los videotutoriales, los cuales pueden definirse como montajes en formato vídeo, realizados a partir de fuentes en diferentes formatos (vídeo, audio, texto, gráficos, animaciones, etcétera).

Los videotutoriales son especialmente útiles en la formación *online*, ya que facilitan el proceso de aprendizaje y resultan dinámicos y amenos.

Un videotutorial es «una herramienta que muestra paso a paso los procedimientos a seguir para elaborar una actividad, facilita la comprensión de los contenidos más difíciles para los estudiantes y, al estar disponible en cualquier momento, permite al estudiante recurrir a él cuando desee y tantas veces como sea necesario» (Ródenas Pastor, 2012).

Las fases en la elaboración de un videotutorial son:

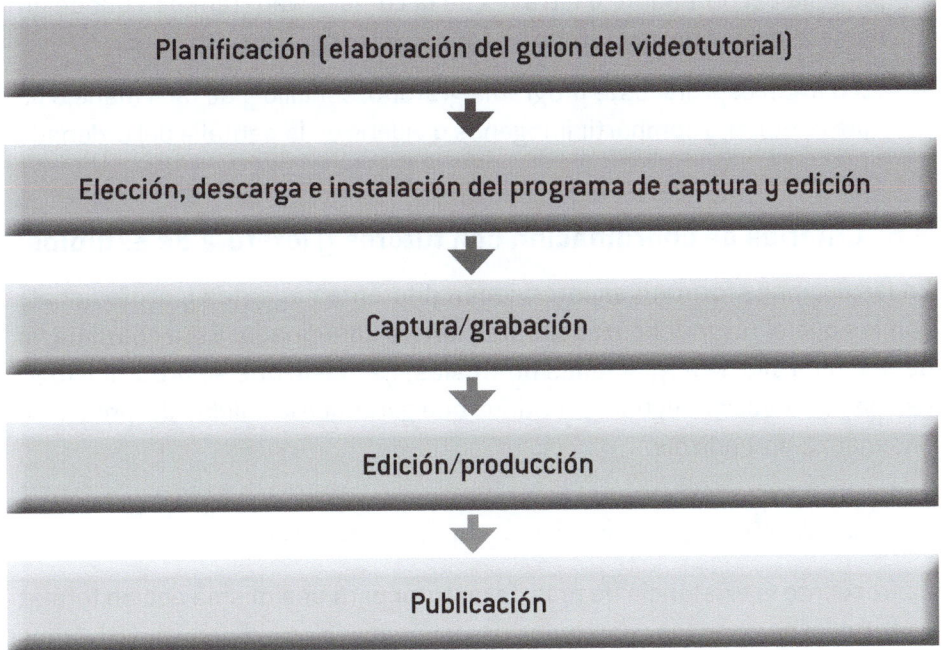

Para la realización de los videotutoriales se necesita un programa de captura y edición de vídeo (algunos de ellos son gratuitos y otros comerciales). Algunos de los programas más conocidos son:

- CamStudio: es una de las herramientas más conocidas para crear tutoriales educativos. Permite capturar la pantalla del ordenador en tiempo real (grabar demostraciones, registrar la actividad de la pantalla, etc.), editar y producir videotutoriales en diversos formatos.

- Camtasia: es un programa que permite grabar lo que sucede en la pantalla del ordenador, capturar audio, grabar desde cámara web, etc. y guardarlo en archivos de vídeo. Además, ofrece herramientas para su posterior edición y producción (hacer *zoom,* añadir audio, crear efectos de transición, limpiar el sonido de ruido, etc.). Este programa permite incorporar otros elementos multimedia, como imágenes, sonido, etcétera.

- Adobe Captivate: es una de las herramientas más utilizadas para crear los videotutoriales destinados a la formación *online*. Tiene una interfaz intuitiva que permite transformar presentaciones PowerPoint en cursos *e-learning*. El programa permite grabar la pantalla del ordenador e incorporar a los vídeos actores, audios/voces, interacciones y cuestionarios para aportar información adicional.

- SMRecorder: este *software* permite grabar vídeos de lo que sucede en la pantalla del ordenador o a través de la cámara web. También puede grabarse el sonido del micrófono o el audio del ordenador.

- TechSmith Capture: este programa gratuito, sencillo y de fácil manejo permite capturar y compartir imágenes y vídeos de la pantalla del ordenador.

3.6. Criterios de coordinación con tutores y jefatura de estudios

En las acciones formativas intervienen diferentes agentes y profesionales con los que el tutor debe trabajar de manera coordinada. Esta coordinación debe ir más allá de actuaciones puntuales, ya que lo que se pretende lograr es una colaboración regular y continua que garantice la calidad del proceso de enseñanza-aprendizaje.

A. COORDINACIÓN CON OTROS TUTORES O DOCENTES

Es frecuente la existencia de más de un tutor para una misma acción formativa (tutor experto en los contenidos y tutor pedagógico o dinamizador). Ambos tutores deben trabajar de manera coordinada, definiendo previamente cuáles serán las funciones y responsabilidades de cada uno, evitando duplicidades u omisiones que obstaculicen el proceso de enseñanza-aprendizaje.

Algunos criterios de coordinación con tutores/docentes son:

- Consensuar el plan de acción tutorial que se desarrollará en la acción formativa.

- Adquirir una visión global conjunta de la programación, objetivos y contenidos del curso.

- Establecer cauces de colaboración con los demás miembros del equipo, a la hora de definir o revisar los objetivos, preparar actividades, programar evaluaciones, determinar los medios, materiales y recursos que se van a utilizar, etcétera.

- Recoger informaciones y propuestas de todos los tutores o docentes, respecto a temas que afecten al grupo en su conjunto o a algún alumno en particular.

- Transmitir la información que pueda ser de utilidad para el desarrollo de las acciones tutoriales, docentes, evaluadoras y orientadoras.

- Realizar reuniones de seguimiento y coordinación.

- Buscar el consenso en la toma de decisiones en la evaluación del alumnado.

B. COORDINACIÓN CON JEFATURA DE ESTUDIOS

Las entidades de formación asignan un coordinador académico o responsable a cada acción formativa. Los tutores deben mantener un contacto constante y directo con dichos responsables, informándoles en todo momento del estado de la acción formativa: incidencias, desarrollo del curso, resultados de los alumnos, deficiencias en la programación y propuesta de modificación, etc. Esta coordinación puede llevarse a cabo mediante:

- Reuniones periódicas de seguimiento.

- Envío de fichas de seguimiento, con la periodicidad que se estipule en cada caso (semanal, quincenal, mensual, trimestral, etcétera).

- Entrega de informes de evolución.

Algunos criterios de coordinación con la jefatura de estudios o el responsable académico son:

- Consensuar el tipo de acciones de coordinación y seguimiento (reuniones, envío de fichas de seguimiento o informes mediante correo electrónico, contactos telefónicos, entre otras).

- Establecer la periodicidad de las acciones de coordinación y seguimiento.

- Facilitar información sobre las incidencias que se produzcan durante el desarrollo de la acción formativa y realizar propuestas de actuación.

- Informar y estar informado sobre aquellos aspectos que puedan afectar al correcto desarrollo del curso.

- Ofrecer información detallada sobre el progreso del alumnado, los resultados obtenidos, las pruebas de evaluación realizadas, etcétera.

RESUMEN

- En una acción formativa en línea, el proceso de tutorización consta de las siguientes fases generales: preparación, inicio, desarrollo y cierre. Cada una de estas etapas está compuesta por diferentes acciones tutoriales.

- En términos generales, las actividades propias de la acción tutorial en línea pueden agruparse en cuatro categorías: actividades de bienvenida y presentación, actividades de seguimiento individualizado, actividades de evaluación y actividades de dinamización.

- El perfil del alumnado que participa en acciones formativas en línea presenta una serie de particularidades que le diferencian del alumno presencial. La formación en línea ha supuesto un cambio en el rol del alumno, el cual ya no es considerado un simple receptor de información, sino que se sitúa en el centro del proceso de enseñanza-aprendizaje, adoptando un papel activo.

- Para conocer el nivel de aprendizaje alcanzado por cada alumno, pueden recogerse tres tipos de evidencias en las acciones formativas en línea: datos sobre tareas y actividades, datos de participación y datos de conexión y dedicación.

- Además de las funciones habituales que desempeñan los tutores virtuales, estos también pueden llevar a cabo algunas labores administrativas relacionadas con el proceso formativo, como: matriculación de alumnos, control de los tiempos de participación, actualización de los recursos, gestión de incidencias, información sobre procedimientos y plazos, etcétera.

- La incorporación de diferentes recursos multimedia en el proceso de enseñanza-aprendizaje es clave para facilitar la asimilación de nuevos contenidos y/o la adquisición de competencias. Entre estos recursos multimedia, destacan los videotutoriales, los cuales pueden definirse como montajes en formato vídeo, realizados a partir de fuentes en diferentes formatos (vídeo, audio, texto, gráficos, animaciones, etcétera).

- En las acciones formativas intervienen diferentes agentes y profesionales con los que el tutor debe trabajar de manera coordinada. Esta coordinación debe ir más allá de actuaciones puntuales, ya que lo que se pretende lograr es una colaboración regular y continua que garantice la calidad del proceso de enseñanza-aprendizaje.

AUTOEVALUACIÓN

3.1. ¿Cuál es la fase más extensa en el proceso de tutorización *online*?

A) Preparación.

B) Inicio.

C) Desarrollo.

3.2. ¿Cuándo debe acceder por primera vez el tutor a la plataforma de teleformación?

A) El día de inicio del curso.

B) Algunos días antes del inicio del curso.

C) En el momento en el que acceda el primer alumno.

3.3. ¿En qué fase del proceso de tutorización se debe realizar la presentación del tutor?

A) Preparación.

B) Inicio.

C) Desarrollo.

3.4. En la fase de cierre, el tutor debe recordar a cada alumno las actividades que tiene pendientes de realizar a través de...

A) El foro.

B) La mensajería personal.

C) El chat.

3.5. ¿Cómo se denominan las actividades realizadas para fomentar la participación y motivación de todos los participantes de manera conjunta?

A) Actividades de dinamización.

B) Actividades de seguimiento.

C) Actividades de tutorización grupal.

3.6. Señala la característica que no se corresponde con los alumnos de formación en línea:

A) Tienen capacidad de trabajo y aprendizaje autónomo.

B) Poseen competencias técnicas y habilidades relacionadas con las TIC.

C) Su nivel de motivación es bajo.

3.7. En la formación en línea, el alumno tiene un rol en el proceso de enseñanza-aprendizaje…

A) Central.

B) Secundario.

C) Pasivo.

3.8. Generalmente, los datos con mayor peso a la hora de valorar el rendimiento y progreso del alumnado en la formación *online* son los referidos a…

A) Tareas y actividades realizadas.

B) Participación.

C) Conexión y dedicación.

3.9. El recuento del número de mensajes publicados en foros o enviados a través de correo por un alumno, es un dato referido a…

A) Datos de conexión y dedicación.

B) Datos de participación.

C) Datos de tareas y actividades.

3.10. La coordinación del tutor con el resto del equipo implicado en la acción formativa debe ser…

A) Puntual.

B) Continua.

C) En función de las características de cada curso.

ACTIVIDADES DE APLICACIÓN

ACTIVIDAD 3.1

Redacta un mensaje para iniciar un foro de debate sobre el tema: El papel del tutor en la formación en línea.

Título del foro: El papel del tutor en la formación en línea

ACTIVIDAD 3.2

Redacta un mensaje (mensajería personal) dirigido a un alumno que no está realizando las pruebas de evaluación previstas.

CASO PRÁCTICO

Promoviendo la autonomía en la tutorización

Contexto:

Eres un tutor/a en un curso en línea de Formación para el Empleo en el sector de tecnologías de la información. Tienes un grupo diverso de estudiantes, algunos con experiencia previa en este campo y otros que son principiantes. La duración del curso es de doce semanas, y el objetivo principal es capacitar a los estudiantes para roles específicos en el desarrollo de *software*.

Situación:

En la segunda semana del curso, te das cuenta de que algunos estudiantes están experimentando dificultades para ajustarse al ritmo de aprendizaje y otros, aunque muestran interés, no están aprovechando al máximo las oportunidades de tutorización. Tu objetivo es diseñar un plan específico para promover la autonomía y responsabilidad del alumnado, asegurándote de abordar las diversas necesidades y niveles de habilidad presentes en el grupo.

Actividades que se van a realizar: presenta un plan de acción tutorial *online* que incluya:

- Una programación de sesiones de tutoría personalizada para discutir los objetivos, revisar el progreso y abordar cualquier dificultad específica que cada estudiante pueda enfrentar.

- Mecanismos de retroalimentación, como revisiones periódicas de avances y autoevaluaciones, para que los estudiantes puedan evaluar su propio progreso y ajustar su enfoque de aprendizaje.

- Planifica las comunicaciones grupales e individualizadas a realizar a lo largo del curso, así como las vías de comunicación (foro, mensajería, chat…) y el objetivo de cada comunicación.

GLOSARIO

- **Autoevaluación:** proceso mediante el cual los estudiantes reflexionan sobre su propio desempeño y aprendizaje.

- *Checklist:* lista de elementos o tareas que deben ser verificados, completados o considerados. También se conoce como lista de verificación o lista de control. Consiste en una enumeración de ítems, y cada ítem puede tener una casilla de verificación al lado para indicar si ha sido completado o revisado.

- **Evaluación formativa:** evaluación continua durante el curso para monitorear el progreso del estudiante y proporcionar retroalimentación.

- **Evaluación sumativa:** evaluación final que determina el nivel de logro o competencia alcanzado por el estudiante al final del curso.

- **Foro de discusión:** espacio virtual donde los estudiantes y tutores pueden intercambiar ideas, preguntas y comentarios relacionados con el curso.

- **Datos de conexión:** en un curso *e-learning,* se refiere a la cantidad de tiempo que un estudiante pasa conectado al entorno virtual de aprendizaje. Esto puede incluir el tiempo total dedicado al curso, así como el tiempo invertido en actividades específicas. También se registra la frecuencia de acceso (regularidad con la que un estudiante ingresa al curso).

- **Datos de participación:** en un curso *e-learning,* se refieren a la información recopilada sobre la actividad y el comportamiento de los estudiantes dentro del entorno virtual de aprendizaje. Estos datos ofrecen *insights* sobre cómo los participantes interactúan con el contenido del curso, su nivel de participación, desempeño y compromiso. Algunos ejemplos comunes de datos de participación son: grado de participación en foros o discusiones, visualización e interacción con el contenido, participación en actividades, participación en sesiones sincrónicas o asíncronas.

- **Plataforma *e-learning:*** sistema digital que facilita la entrega de contenidos y la interacción entre estudiantes y tutores en entornos virtuales.

- **Sesión asincrónica:** interacción que no ocurre en tiempo real, como mensajes de correo electrónico, foros o materiales pregrabados.

- **Sesión sincrónica:** interacción en tiempo real entre el tutor y los estudiantes, a menudo a través de videoconferencias o chats en vivo.

- **Tutoría *online:*** modalidad de acción tutorial que se lleva a cabo a través de plataformas y recursos en línea.

MAPA CONCEPTUAL

```
                    ACCIÓN TUTORIAL EN LÍNEA
```

| ACTIVIDADES DE TUTORIZACIÓN EN LÍNEA | HERRAMIENTAS DE TUTORIZACIÓN EN LÍNEA | EVALUACIÓN: EVIDENCIAS DE LA FORMACIÓN EN LÍNEA |

ACTIVIDADES DE TUTORIZACIÓN EN LÍNEA
- Actividades de bienvenida y presentación.
- Actividades de seguimiento individualizado.
- Actividades de evaluación.
- Actividades de dinamización.

HERRAMIENTAS DE TUTORIZACIÓN EN LÍNEA
- Herramientas didácticas y comunicativas.
- Herramientas evaluativas.
- Herramientas de gestión.

EVALUACIÓN: EVIDENCIAS DE LA FORMACIÓN EN LÍNEA
- Tareas y actividades:
  · De corrección automática.
  · De desarrollo.
- Datos de participación.
- Datos de conexión y dedicación.

MAPA CONCEPTUAL

TUTORIZACIÓN DE ACCIONES FORMATIVAS PARA EL EMPLEO

TIPOS DE ACCIONES TUTORIALES

FASES DE LA ACCIÓN TUTORIAL

- Preparación
- Inicio
- Desarrollo
- Cierre

DESARROLLO DE LA ACCIÓN TUTORIAL EN LÍNEA

- Actividades de bienvenida y presentación.
- Actividades de seguimiento individualizado.
- Actividades de evaluación.
- Actividades de dinamización.

SEGÚN LA MODALIDAD DE FORMACIÓN

- Presencial
- A distancia/*online*
- Mixta

ESTRATEGÍAS DE TUTORÍA Y ORIENTACIÓN

- Según su función:
  · Función orientadora
  · Función didáctica
- Según los destinatarios:
  · Grupal
  · Individual
- Según su forma:
  · Presencial (individual o grupal)
  · No presencial (síncrona o asíncrona)

ESTILOS DE APRENDIZAJE /ESTILOS DE ENSAÑANZA

- Estilo activo
- Estilo pragmático
- Estilo reflexivo
- Estilo teórico

Bibliografía

- Arnaiz, P.; Isus S. *La tutoría, organización y tareas*. Grao, 2015. ISBN: 978-84-7827-115-3.

- Bisquerra Alzira, R. *La práctica de la orientación y de la tutoría*. Wolters Kluwer Educacion, 2001. ISBN: 978-84-7197-704-5.

- Blasco Calvo, P. y Pérez Boullosa, A. *Enfoques y aplicaciones prácticas en orientación y acción tutorial*. Valencia: Nau Llibres. 2012. ISBN13: 978-84-7642-901-3.

- Cabero, Julio (2006). *Bases pedagógicas del e-learning*. Revista de Universidad y Sociedad del Conocimiento Vol. 3 - nº 1/abril de 2006. ISSN 1698-580X.

- Cabero, Julio (2004). *La investigación en tecnologías de la educación*. Bordón. Vol. 56, nº 3-4, pág. 617-634.

- Cabero, Julio. *Nuevas tecnologías aplicadas a la educación*. Editorial Síntesis, 2014. ISBN: 978-84-9958-163-7.

- Cabero, Julio. *Posibilidades de la teleformación en el espacio europeo de Educación Superior*. Magina, 2007. ISBN: 978-84-9534-531-8.

- Expósito López, Jorge. *La acción tutorial en la educación actual*. Editorial Síntesis, 2014. ISBN: 978-84-9958-811-7.

- Giner Tarrida, A. y Puigardeu Aramendia, O. *La tutoría y el tutor: estrategias para su práctica*. Horsori, 2008. ISBN: 978-84-9610-854-7.

- Gisbert, Mercè; Cabero, Julio; Castaño, Carlos (*et al.*), (2004). *Netlab: teleobservatorio universitario de docencia virtual*. Píxel-Bit. Revista de Medios y Educación. nº 25, pág. 71-74.

- González Pérez, A. *La función de tutoría: Carta de navegación para tutores*. Narcea, 2015. ISBN: 978-84-2772-093-0.

- Lozano, A. (2010, junio). *Estilos de tutoría en-línea*. Ponencia presentada en el XI Encuentro Internacional Virtual Educa, Santo Domingo, República Dominicana.

- Martín García, Xus. *Tutoría: técnicas, recursos y actividades*. Alianza Editorial, 2008. ISBN: 978-84-2068-392-8.

- Rodenas Pastor, Mercedes. *La utilización de los videos tutoriales en educación. Ventajas e inconvenientes*. Software gratuito en el mercado. Revista Digital Sociedad de la Información. nº 33 —Enero 2012. Edita Cefalea.